Katja Ischebeck

Erfolgreiche
Trainingskonzepte

Katja Ischebeck

Erfolgreiche Trainings-konzepte

Schritt für Schritt
zum professionellen
Trainingskonzept

Mit komplettem Mustertraining

Bibliografische Information der Deutschen Nationalbibliothek

Die Deutsche Nationalbibliothek verzeichnet diese Publikation
in der Deutschen Nationalbibliografie; detaillierte bibliografische
Daten sind im Internet über http://dnb.d-nb.de abrufbar.

ISBN 978-3-86936-602-9

2. Auflage 2016

Lektorat: Susanne von Ahn, Hasloh
Umschlaggestaltung: Martin Zech, Bremen | www.martinzech.de
Umschlagfoto: corbissrffancy/Fotolia
Satz und Layout: Lohse Design, Heppenheim | www.lohse-design.de
Druck und Bindung: Salzland Druck, Staßfurt

www.gabal-verlag.de

Inhalt

Teil II: Erfolgreich Trainings leiten 121

Teil III: Muster und Vorlagen (Download)

Allgemeine Vorlagen

Unterlagen für Ihr Präsentationstraining

Einleitung

„Das war ein exzellentes Training: durchdacht, abwechslungsreich und praxisnah. Es hat uns viel Spaß gemacht und wirklich
vorangebracht! Vielen Dank!"

Wenn Sie solche Feedbacks nach Ihrem Training bekommen,
haben Sie alles richtig gemacht. Ein gut konzipiertes Training
kommt an. Es ist wie ein gelungenes Bauwerk, das seine Funktion optimal erfüllt und in dem sich Menschen wohlfühlen. So
wie Gebäude geplant und gebaut werden müssen, bevor Menschen einziehen können, so müssen auch Trainings konzipiert
und vorbereitet werden. Für viele Trainer ist jedoch genau das
der wunde Punkt. „Ich mache ja gerne Schulungen und Trainings, wenn nur diese lästige Konzeptionsarbeit nicht wäre!
Mich an den Schreibtisch setzen und dann alles zu Papier bringen, also nein ...", so denken viele Trainer. Noch mehr hadern
Einsteiger, die sich überraschend in der Trainerrolle wiederfinden, wenn es plötzlich heißt: „Sie sind doch Spezialist für die
neue Anwendung, da können Sie sicher die Kollegen schulen.
Machen Sie doch mal ein Trainingskonzept!"

Der Arbeitsberg erscheint groß und das Gelände unwegsam.
Wo soll man anfangen, wo aufhören? Doch gerade wenn das
Terrain unübersichtlich ist, empfiehlt sich eine gute Vorbereitung, damit Sie erfolgreich Ihre Aufgaben meistern und sicher
am Ziel ankommen.

Es gibt mindestens vier triftige Gründe für eine gute Vorarbeit:

1. Unternehmen werden anspruchsvoller. Die Zeiten sind vorbei, in denen eine grobe Verständigung über den Trainingstitel und vielleicht noch die Zusatzfrage „Gibt es denn Teilnehmerunterlagen?" den Auftrag abschließend klärten. Das Trainingsgeschäft ist professioneller geworden. Viele Auftraggeber erwarten klare Ziele, definierte Inhalte und wollen ein fundiertes Trainingskonzept zur Abstimmung vorgelegt bekommen. Das verursacht im ersten Moment mehr Arbeit, hilft aber bei der Klärung des Auftrags ungemein, weil Sie dadurch sicherstellen können, passgenau die richtige Lösung anzubieten. – Das macht dann allen Beteiligten Spaß.

2. Wenn Sie neu im Trainingsbereich tätig sind, ist eine gute Vorbereitung von unschätzbarem Wert. Eine Gruppe zu steuern kann Herausforderung genug sein. Da hilft es, wenn Sie sich im Vorfeld Gedanken gemacht haben, was Sie inhaltlich mit welchen Methoden erreichen wollen. Diese Vorbereitung sollten Sie in Form eines Regiebuches im Training abrufbar parat haben. Gut vorbereitet haben Sie dann ein paar mehr Gedanken frei für das, was sonst noch so alles in Gruppen passiert. Und es passiert immer etwas. Vorhersehbares und Unvorhersehbares. Vorhersehbar ist z. B., dass mehr oder weniger explizit infrage gestellt wird, wer hier der Chef im Ring ist oder wozu eine spezielle Übung gemacht werden soll (was manchmal auf die gleiche Frage hinausläuft). Darauf werden Sie in diesem Buch gut vorbereitet. Aber auch für unvorhersehbare Zwischenfälle wie einen Ausfall der Technik oder schwierige Trainingssituationen bekommen Sie einen Erste-Hilfe-Koffer und viele Tipps an die Hand. Menschen folgen übrigens gerne einer (Trainings-)Führung, wenn sie erkennen, dass der gemeinsame Weg eindeutig ist und sicher zu einem klaren und sinnvollen Ziel führt. Mittels Ihrer guten inhaltlichen und methodischen Vorbereitung werden Sie souverän

Meisterschaft über das Trainingsthema und somit eine natürliche Autorität erlangen. – Das macht dann den Teilnehmern Spaß.

3. Haben Sie bereits viele Trainings durchgeführt, beschäftigt Sie vielleicht etwas ganz anderes: „Das Seminar ‚Erfolgreich führen' habe ich doch schon einmal gemacht ... Das lief damals ziemlich genial! Leider war es so außergewöhnlich, dass ich mich gar nicht mehr genau erinnern kann. Wie war noch der Ablauf und welche Übungen hatten wir denn damals gemacht ...?" Kennen Sie das leidige Thema? Alles war schon einmal gedacht und erfolgreich durchgeführt ... man müsste sich jetzt nur genau erinnern können. Die Gedanken, die Sie in die Vorbereitung von Trainings stecken, sind kostbare Schätze und wertvolle Zeit. Wenn Sie Ihre Geniestreiche nachvollziehbar in einem Konzept festhalten, können Sie diese im Sinne von Mustertrainings oder Mustermodulen immer wieder verwenden. – Das spart Zeit und Nerven und macht dann Ihnen richtig Spaß.

4. Trainieren Sie mit mehreren Trainern? Dann ist noch ein weiterer Aspekt zu bedenken: Für unmissverständliche Absprachen, welche Themen in welcher Form und wann bearbeitet werden sollen, ist ein schriftlicher Ablaufplan mit Zeitangaben eine unabdingbare Voraussetzung. Überlassen Sie die Choreografie nicht dem Zufall! Das Trainingskonzept sichert eine gelungene Inszenierung und eignet sich darüber hinaus zur Dokumentation, die es einspringenden oder nachfolgenden Kollegen leichter macht. – Das macht dann gemeinsam Spaß.

Dieses vielschichtige Arbeiten ist aus meiner Sicht die Herausforderung, aber auch der besondere Reiz der Trainertätigkeit. Sie managen nicht nur Inhalte, sondern wesentlich mehr. Als Trainer halten und steuern Sie wie ein Jongleur verschiedene Bälle gleichzeitig in der Luft. Sowohl in der Vorbereitung als auch im Training arbeiten Sie immer auf mehreren Ebenen:

- Sie sind *Fachspezialist* für Ihre Fachthemen.
- Sie sind *Lerncoach* und ermöglichen Wissensaufbau und -verarbeitung.
- Sie wählen und gestalten die *Methoden und Medien*, mit deren Hilfe Sie die Inhalte transportieren.
- Und Sie haben – in den meisten Fällen – darüber hinaus eine *Gruppe* vor sich, die es zu steuern gilt.

Diese vier Faktoren bestimmen den Erfolg des Trainings wesentlich. Und dafür sind Sie maßgeblich verantwortlich. Kurzum: Als Trainer sind Sie ein Multitalent. Für Ihr Fachgebiet bringen Sie bereits beste Voraussetzungen mit, sonst würde man Sie gar nicht mit Trainingsaufgaben betrauen wollen. Um Ihnen für die anderen Rollen das entsprechende Hintergrundwissen und Handwerkszeug zu vermitteln, ist dieses Buch so aufgebaut, dass zunächst die Bedingungen von Lernen beleuchtet werden. Im Anschluss daran werden gehirnfreundliche Baupläne, Bausteine und Bautipps für Trainings dargestellt. Abschließend erhalten Sie Tipps und Tricks für die Steuerung der (Trainings-) Gruppe.

Dieses Buch bietet sowohl für den Profi als auch für den Anfänger sehr pragmatische theoretische Grundlagen, bewährte Methoden, praktische Checklisten, Muster, Beispiele und viele Möglichkeiten der Arbeitserleichterung. So macht Konzeptionsarbeit Spaß.

Die Struktur des Buches

Teil I: Schritt für Schritt zum erfolgreichen Trainingskonzept

Mit einem Fahrplan für die Trainingskonzeption werden Sie sicher durch alle Phasen der Trainingsentwicklung und -vorbereitung bis hin zum fertigen Trainingskonzept geleitet: Von den Voraussetzungen des Lernens über zielgerichtete und gehirnfreundliche Bausteine (Lehrmethoden und -techniken) und effektive Baupläne für Trainingskonzepte erfährt der Leser alle notwendigen Hintergründe und praktischen Vorgehensweisen für den Konzeptionsprozess. Bewährte Tools, praktische Checklisten und Beispiele aus der Trainerpraxis runden den ersten Teil des Buches ab.

Auf die Plätze!

Teil II: Erfolgreich Trainings leiten

Vorhang auf – das Training kann starten. Zur Unterstützung der Bewährungsphase des Trainers bietet der 2. Teil des Buches praktisches Handwerkszeug für die souveräne Leitung von Trainings. Neben einem Modell für die erfolgreiche Steuerung von (Trainings-)Gruppen liefert die Autorin einen Erste-Hilfe-Koffer für schwierige Trainingssituationen und Tipps und Tricks für professionelles Auftreten, Überzeugungskraft und verbale Kampfkunst.

Fertig!

Teil III: Muster und Vorlagen (Download)

Los! Als Beispiel eines fertigen Trainingskonzepts und zur unmittelbaren Umsetzung erhalten Sie online ein komplettes Mustertraining zum Downloaden. Die Autorin stellt bewährtes und direkt einsetzbares Material für ein Präsentationstraining mit Word- und PDF-Dateien zur Verfügung: Trainingsdesign, Teilnehmerunterlagen, Muster für Einladungsschreiben, Feedback-Bögen und Checklisten bieten einen tiefen Einblick in die Arbeitsweise der Profis und einen strukturierten Einstieg für den Anfänger. Ausdrucken, und los geht es (siehe Seite 168)!

TEIL 1

Schritt für Schritt zum erfolgreichen Trainingskonzept

Lernprozesse verstehen und steuern 1

*„Die meisten Menschen sind bereit zu lernen, aber nur die
wenigsten, sich belehren zu lassen."*
WINSTON CHURCHILL, BRITISCHER STAATSMANN

Dies ist ein Buch über Lernen und Lehren. Lassen Sie uns in das
Thema einsteigen mit einer kleinen Reise.

1.1 Voraussetzung und Motivation des Lernenden

Lehnen Sie sich zurück und machen Sie es sich bequem. Lassen
Sie uns reisen – durch die Zeit in Ihre Vergangenheit. Durch die
Jahre zurück zu Ihren ersten Lernerlebnissen, zum Beispiel in
die Schulzeit. Vielleicht entsteht nun ein Bild Ihrer alten Schule
in Ihrem Kopf. Zoomen Sie näher heran in Ihren Klassenraum.
Die Wände, die Tische und Stühle und einige Mitschüler rücken
eventuell in Ihr Blickfeld. Der typische Geruch dieser Räumlich-
keiten dringt langsam in Ihre Nase. Sie spüren die harte Sitzflä-
che Ihres Stuhles und sehen nun den Lehrer vor der Tafel. Mit
weißer staubiger Kreide schreibt er quietschend die nächste
Aufgabe auf der Tafel und ... ruft Sie auf!

**Unsere Schul-
erfahrungen
prägen uns noch
immer**

Wie geht es Ihnen? Was glauben Sie gerade über sich selbst?
Zoomen Sie sich nun bitte wieder zurück in die Gegenwart und
in Ihre sichere (Sitz-)Position. Entspannen Sie sich und lassen

Sie uns dieses kleine Experiment dazu nutzen, einige grundsätzliche Voraussetzungen zum Thema Lernen abzuleiten. Diese Reflexionen werden Ihnen helfen, Ihre Trainingsteilnehmer besser zu verstehen und die Lerninhalte effektiver nutzbar zu machen. Was ist Ihnen bei unserem Gedankenexperiment aufgefallen?

Lernen ist häufig mit Stress verbunden

Vielleicht gehören Sie zu den Menschen, bei denen Lern- und Prüfungssituationen mit energiegeladenen, erwartungsfreudigen und selbstbewussten Assoziationen verbunden sind. Sollten solche Situationen für Sie also mit Gedanken wie „Toll, ein neuer Stoff", „Ich bin mal gespannt, wie schnell ich das lernen und umsetzen kann" oder gar „Prüfungen sind toll, dann weiß ich, was ich schon alles gelernt habe" verbunden sein, dann möchte ich Ihnen meine herzlichsten Glückwünsche übermitteln. Leider muss ich Ihnen jedoch mitteilen, dass Sie damit zu einer Minderheit gehören. Für die meisten – kleinen wie großen – Menschen sind schulische und schulähnliche Situationen leider mit Druck und Selbstzweifeln bis hin zu Versagensängsten verbunden. Und das selbst noch als Erwachsene, die ja in der Regel schon einige Prüfungen der Schule und des Lebens – in der Regel erfolgreich – gemeistert haben. Ich kenne viele gestandene Persönlichkeiten, die immer wieder nachts schweißgebadet mit dem Gedanken aufwachen: „Himmel hilf! Ich muss ja noch die Matheprüfung bestehen ..."

Diese vergangenen Lernerfahrungen schwingen sogar über Jahrzehnte hinweg in späteren Lernsituationen mit (unabhängig davon, wie schulähnlich diese sind oder ob damit Prüfungen verbunden sind). Da diese Erfahrungen häufig negativ geprägt sind, können sie nach wie vor Lernprozesse ungemein erschweren und dem Trainer „schwierige Teilnehmer" bescheren. Als Trainer können wir diese Erfahrungen zwar nicht ungeschehen machen, aber wir können in der Gegenwart gezielt für unterstützende Lernbedingungen sorgen. Dazu ist es hilfreich zu verstehen, welche Faktoren Lernen erschweren oder den Lernerfolg unterstützen.

Warum fiel uns damals an der Tafel das Denken so schwer? So- wohl die Alltagserfahrung als auch die Hirn- und Stressforschung belegen eindeutig, dass Lernen und Denken am besten in einer positiven Atmosphäre geschehen können. Damit gehört der Rohrstock der alten Generationen verbannt. Stress und Angst sind die größten Feinde des Lernens. Sie führen gleich zu einer doppelten Blockade: Zum einen wirken sie demotivierend, zum anderen blockieren sie Denkprozesse direkt.

Was passiert eigentlich, wenn der Mensch Stress erfährt? In einer als bedrohlich wahrgenommenen Situation wird der gesamte Organismus blitzschnell mobilisiert. Überleben ist nun die Devise. Automatisch wird das Überlebens-Notfallprogramm abgespult: Der Hypothalamus, die wichtigste Schaltstelle für das gesamte nervliche und hormonelle Geschehen im Körper, aktiviert den Sympathikus und veranlasst die Nebennieren, die sogenannten Stresshormone Adrenalin und Noradrenalin auszuschütten. Diese Hormone führen zu einer Erhöhung des Muskeltonus, des Blutdrucks und des Blutzuckers. Es wird höchste Handlungsbereitschaft erzeugt, um Reaktionen zu ermöglichen, die sich im Rahmen der Evolution für Mensch und Tier als überlebenssichernd bewährt haben: Angriff, Flucht oder Erstarrung (Totstellreflex). Diese Grundmuster laufen automatisch und unbewusst ab. Trotz fortschreitender Zivilisation sind sie tief in uns verankert.

Wer genau hinschaut, erkennt von den Klassenräumen bis hin zu den Chefetagen erstaunliche Parallelen zum Tierreich. Wenn Menschen sich angegriffen fühlen, neigen sie je nach Charakterstruktur und Hierarchiegefüge ebenfalls zu einem der drei Grundmuster. Da wird in den Gegenangriff gegangen, sich um Kopf und Kragen gerechtfertigt oder das Haupt wird eingefahren, bis der Sturm vorbeigezogen ist. Aber keine Sorge, Sie brauchen keine Ausbildung als Dompteur, um eine Gruppe zu leiten. Mit den Tipps und Tricks zur Steuerung von Teilnehmern im Überlebensmodus aus dem 2. Teil des Buches werden Sie auch schwierige Situationen souverän meistern.

Zurück zur Stressreaktion: Als zweite Hauptwirkung dieser Reaktion wird die Aufmerksamkeit auf die Gefahrensituation fokussiert und andere energieverbrauchende Körperprozesse wie z. B. höhere kognitive Prozesse werden unterdrückt, da diese in der akuten Situation unnötig oder behindernd sind. Wenn Sie von einem Raubtier angegriffen werden, ist es in diesem Moment wenig hilfreich, das Tier exakt in seine biologische Ordnungsgruppe einsortieren zu können. Wichtiger ist es, blitzschnell das eigene Leben zu retten. Bei Bedrohung und Stress macht sich unsere Natur nicht die Mühe zu unterscheiden, ob unser Leben oder „nur" unser Selbstwertgefühl bedroht ist. Raubtiere, brenzlige Situationen im Straßenverkehr, Streit mit den Kollegen, Angst, zu versagen oder sich zu blamieren ... für unser Gehirn ist das ein und dasselbe! Es programmiert unseren Körper auf schnelle lebensrettende Maßnahmen. Die Aufnahme, Verarbeitung und der Abruf von Informationen sind jedoch erheblich erschwert. Dumm gelaufen, wenn man dann gerade an der Tafel und nicht im Urwald steht.

Tipp: Um gute Voraussetzungen für Lernprozesse zu schaffen, sorgen Sie als Trainer aktiv für eine angstfreie, entspannte Atmosphäre und erzeugen Sie positive Lernerlebnisse. Dann haben Sie in der Regel auch friedliche und aufnahmebereite Teilnehmer.

Voraussetzungen für das Lernen

Positiv sind Lernerlebnisse, wenn sie als angenehm und sinnvoll erlebt werden. Und damit sind wir beim Thema Motivation und Sinn. Was meinen Sie: Können Sie Ihre Teilnehmer motivieren? Eine sehr interessante Fragestellung, die Hirnforscher, Psychologen, Biologen, Wirtschaftswissenschaftler und auch Geisteswissenschaftler seit vielen Jahrzehnten beschäftigt. Ich möchte Sie jetzt nicht mit komplexen Modellen, komplizierten Begriffen und Einzelheiten belasten, sondern gleich zu der entlastenden Botschaft kommen: Sie können niemanden motivieren! Sie brauchen auch niemanden zu motivieren. Motivation kommt von innen und kann gefördert oder korrumpiert und zerstört werden. Sie erreichen viel mehr, wenn Sie an der Motivation der Teilnehmer andocken. Der Schlüssel zu Ihren Teilnehmern ist, auf deren Anliegen einzugehen. Helfen Sie ihnen, die Ziele und den Sinn der Lerninhalte zu erkennen und den Bezug zu ihren konkreten Belangen zu erkennen.

Nehmen wir z. B. den Begriff „Dekubitus". Für die medizinisch weniger versierte Welt klingt dieses Wort sperrig und fremd und löst somit Unbehagen und Verständnislosigkeit aus. Beginnen Sie statt einer fachsystematischen Einordnung lieber damit, dass Sie Ihre Teilnehmer auf einem kleinen Stein oder einer ungepolsterten Sitzgelegenheit sitzen lassen. So wird das Thema für die Teilnehmer unmittelbar erlebbar und Sie schaffen einen anschaulichen und motivierenden Einstieg in dieses Fachthema. Dekubitus ist übrigens der medizinische Fachbegriff für das Wundliegen, welches nach längerer Bettlägerigkeit entstehen kann. Hierbei wird die Haut durch den Auflagedruck (z. B. durch unseren Stein, Matratzen usw.) geschädigt. Daher sind im Fall einer längeren Erkrankung vorbeugende Maßnahmen wie gute Hautpflege, häufige Lagewechsel usw. vorzunehmen.

Tipp: Verdeutlichen Sie Ziele und Sinn der Lerninhalte und lassen Sie den Bezug zur Umwelt Ihrer Teilnehmer deutlich werden.

Wann haben Sie zuletzt ein Kind in seinem Spiel beobachtet? **Menschen wollen** Die Verwandlungsmöglichkeiten eines Umzugskartons, die **lernen** Frage „Was schwimmt im Wasser und was geht unter?", die endlosen „Warum?", bei Kindern können wir diesen angeborenen menschlichen Lerntrieb noch ganz ungetrübt beobachten. Er lässt Kinder auf alles neugierig sein und vielfältige körperliche und geistige Forschungsreisen in ihre Umgebung unternehmen. Der Mensch will entdecken und den Dingen auf den Grund gehen. Keine andere Spezies kommt mit einem derart lernfähigen und offenen Gehirn zur Welt: Das menschliche Gehirn ist immer auf der Suche nach spannenden Erfahrungen und interessanten Erkenntnissen, mit denen es sich über Erfolgserlebnisse belohnen kann. Dieses Phänomen konnte nun auf der biochemischen Ebene beobachtet werden: Hier wird jedes Erfolgserlebnis mit einem mehr oder weniger starken Glücksrausch belohnt. Das Mittelhirn schüttet einen Neurotransmitter-Cocktail bestehend aus Dopamin, endogenen Opioiden und Oxytocin aus, der Vitalität und Motivation erzeugt und so Lust auf mehr macht. Und da wir diesen natürlichen „Kick" möglichst häufig erleben möchten, sind wir Menschen von Natur aus „Lernsüchtige". Diese Sucht ist es, die uns immer wieder motiviert, Neues zu ergründen und zu erforschen. Im Grunde genommen sind wir alle Forscher auf der Suche nach Anregungen und Herausforderungen, auf der Suche nach dem Glückscocktail.

„Ich lerne noch."
MICHELANGELO, ITAL. BILDHAUER, MALER,
BAUMEISTER UND DICHTER

„Moment!", sagen Sie sich jetzt vielleicht. Eventuell haben Sie andere – eben nicht so lustvolle – Erfahrungen mit dem Thema Lernen gemacht. Oder Sie merken an, einige Menschen zu kennen, die überhaupt nicht nach Anregungen und Erweiterung ihres Horizonts suchen. Das ist leider nur zu häufig wahr. Denn diese lebendige Lernlust kann sich nur entfalten, wenn die Voraussetzungen eines positiven Lernumfeldes stimmen. Nur aufmunternde Zuwendung und echtes Interesse der Lernbegleiter lassen die lernfreudigen Hormone fließen. Abwendung und Missachtung hingegen lähmen unser Vitalitäts- und Motivationssystem. Sie werden von unserem Gehirn ähnlich wahrgenommen wie absichtlich herbeigeführter körperlicher Schmerz. Und da – wie bereits erwähnt – bei vielen Menschen schulähnliche Situationen in der Vergangenheit mit unangenehmen Gefühlen und Stress verbunden waren, ist so mancher Lerntrieb tief verschüttet. Wer geht schon freiwillig in die Höhle des Löwen?

1.2 Wie gelangt das Wissen in unseren Kopf?

Wie kommt die Welt in unseren Kopf? Nehmen wir einmal den bereits bemühten Begriff „Dekubitus". Wie gelangt solch ein sperriger Begriff in unseren Kopf? Die Welt erreicht unser Gehirn über die fünf Hauptwahrnehmungskanäle

- Sehen,
- Hören,
- Riechen,
- Fühlen,
- Schmecken.

Sie sehen z. B. gerade das Wort „Dekubitus". Auf der Netzhaut Ihres Auges wird ein auf dem Kopf stehendes, seitenverkehrtes Bild erzeugt. Das Bild wird in elektrische Signale umgewandelt und von Neuron zu Neuron weitergeleitet. Der Weg bis zur bewussten Wahrnehmung ist weit und voller Abzweigungen. Er führt durch eine Galaxie an Nervenzellen: 100 Milliarden Nervenzellen sind in unserem Kopf. Das entspricht der Anzahl der Sterne der Milchstraße! Auf diesem langen und weitverzweigten Weg kann durchaus die eine oder andere Information verloren gehen. Über die Weiterleitung entscheiden unsere Nervenzellen. Sie sind aktive Networker, sie pflegen und unterhalten jeweils zwischen 10 und 10.000 Kontakte zu anderen Nervenzellen. Über hemmende und verstärkende Einflüsse wird gemeinsam „entschieden", welche Signale weitergegeben, verstärkt oder ins Leere laufen gelassen werden. Weiterverarbeitet wird nur, was als wichtig erachtet wird. Ziemlich menschlich, oder? So funktionieren Netzwerke innerhalb und außerhalb unseres Gehirns.

Der Weg ist weit und voller Abzweigungen

Ob nun der Begriff „Dekubitus" unsere bewusste Wahrnehmung erreicht und später auch wieder abrufbar ist, hängt von
einigen Faktoren ab, die wir im Folgenden beleuchten wollen.
Diese eigenwillige Weiterleitung von Information beziehungsweise das Unterlassen der Weiterleitung hat durchaus ihren
Sinn, denn würde alle Information ungefiltert in unser Bewusst-
sein dringen und im Langzeitspeicher gelagert werden, dann
müsste unser Gehirn vermutlich mehrere Tonnen wiegen und
wäre außerdem vollkommen überfordert. Wahrnehmung ist ein
aktiver und komplexer Prozess mit dem Ziel, unsere Welt einfach und handhabbar zu gestalten.

Beispiel: Straßenüberquerung

*Beispiel gefällig? Stellen Sie sich vor, Sie wollten eine stark befahrene
Straße überqueren und Sie würden gleichzeitig mit ungefilterter Inten-
sität das Mosaikmuster des Straßenbelags, die Straßenlaternen, die Anzahl der Häuser in Ihrem Blickfeld und alle Fenster, die Bäume, die Gul-
lideckel, die Staubpartikel auf Ihren Schuhen, die Wolkenformationen
am Himmel, die Werbeplakate, die Autokennzeichen und Automarken
... und dann noch sämtliche sich bewegende Objekte sehen! Ferner würden Sie das Abrollen der Fußsohlen, das Reiben des Stoffes auf Ihrer Haut,
den Luftzug im Gesicht spüren, während Sie einen leichten Pfefferminz-
geschmack auf der Zunge schmecken und sich ein Geruchscocktail aus
Blüten und Erde, Autoabgasen und Kaffeeduft in Ihrer Nase ausbreitet
und Sie Gesprächsfetzen, Motorengeräusche, Vogelzwitschern, Fahrrad-
klingeln, Kindergeschrei und das Knurren Ihres Magens hören ... Würden Sie dann sicher auf die andere Straßenseite gelangen?*

Was bewegt ein Neuron dazu, sich die Mühe zu machen und
die Information „Vorsicht, Auto!" oder „Dekubitus" weiter-
zuleiten? Hierbei spielt das limbische System eine große Rolle. Es ist ein archaisches, aber zentrales Bewertungssystem
unseres Gehirns, welches alle ankommenden Informationen einordnet. Dazu werden unsere bisherigen Erfahrungen
herangezogen und die Informationen mit angenehm oder unangenehm gekennzeichnet. Haben wir positive Erfahrungen
mit einem Ereignis gemacht, wird dieses Geschehen als an-

genehm, gut, vorteilhaft oder lustvoll bewertet. Wir verspüren dann den Wunsch nach Wiederholung und Verstärkung. Solche Informationen werden „gerne" weitergeleitet. Haben wir negative Erfahrungen gemacht, wird ein Ereignis als unangenehm, schlecht, nachteilig oder schmerzhaft bewertet. Und wir verspüren den Wunsch nach Vermeidung. Dass eine Herdplatte heiß sein kann, lernen wir sehr schnell. Komplexe Denkprozesse laufen in dieser Situation jedoch nicht optimal ab. Irgendetwas fühlen wir immer. Es ist somit leicht nachvollziehbar, dass unser limbisches System eine maßgebliche Rolle bei der Aneignung von Wissen und dem damit verbundenen Lernerfolg spielt, da es sich bei jeder Lernsituation z. B. folgende Fragen stellt:

- Lohnt es sich, hinzuhören? Ist das angenehm?
- Was spricht dafür, das zu lernen?
- Welchen Sinn hat es, das zu üben?

Die Antworten auf diese Fragen findet das limbische System in unseren abgespeicherten Erfahrungen aus der Vergangenheit, die meist unbewusst wirken. Sind diese Erfahrungen positiv, ist ein erstes wichtiges Zwischenziel für den Lernerfolg erreicht:

Positive Emotionen sind Lernbeschleuniger

- Wir hören gerne hin.
- Wir finden Argumente, die für das Lernen sprechen.
- Wir erkennen einen Sinn darin, etwas zu üben.

Sind unsere Erfahrungen jedoch negativ, ist der Effekt genau gegenteilig und die Chancen für einen erfolgreichen Lernprozess gehen gegen null, es sei denn, die negative Information ist lebensnotwendig und sorgt z. B. dafür, dass wir sicher auf die andere Straßenseite gelangen oder uns nicht unsere Finger verbrennen. Emotionen spielen die entscheidende Rolle bei Lernprozessen. Positive Emotionen und das Erzeugen von Erfolgserlebnissen schaffen eine lernfreundliche neuronale Netzwerkstruktur im Gehirn. Darin kann Lernen als etwas Schönes und Spannendes leicht geschehen.

Ob die bewerteten Informationen nun langfristig gespeichert werden, dafür ist der Hippocampus zuständig. Er ist der Dreh- und Angelpunkt dauerhafter Speicher- und Erinnerungsprozesse. Er arbeitet schnell, hat nur eine begrenzte Speicherkapazität und bietet der Großhirnrinde, dem Kortex, die weiterzuleitenden Informationen in verschiedenen Zusammenhängen an. Werden diese Informationen im Abgleich mit dem Kortex als neu, bedeutsam, wichtig, sinnvoll, interessant, glaubwürdig bewertet, so werden diese als nützlich erachtet und im Kortex langfristig gespeichert. Der Hippocampus ist somit der Bedeutsamkeitsdetektor, der für die Überführung von Gedächtnisinhalten aus dem Kurzzeit- in das Langzeitgedächtnis dient. Menschen, bei denen der Hippocampus entfernt oder zerstört wurde, können sich nichts Neues merken. Alte Erinnerungen bleiben jedoch meist erhalten.

Tipp: Sorgen Sie dafür, dass Ihre Teilnehmer jederzeit die Bedeutsamkeit der Lerninhalte für sich erkennen können. Dann werden die Trainingsthemen besser und dauerhafter abgespeichert.

1.3 Wie werden Informationen gespeichert?

Um Lerninhalte dauerhaft zu speichern, müssen sie – vereinfacht gesagt – drei Stufen erfolgreich durchlaufen.

Abbildung 1: Stufen des Gedächtnisses

Informationen über die Welt im Allgemeinen oder Trainingsthemen im Besonderen erreichen unser Gehirn über die Sinnesorgane. Für jeden unserer Sinne steht ein spezifischer Speicher – das sensorische Gedächtnis – für eine kurze Zwischenlagerung zur Verfügung. In dieser ersten Gedächtnisstufe wird eine große Menge an Informationen ohne gerichtete Aufmerksamkeit aufgenommen und in Form kleiner elektrischer Impulse gehalten. Diese Impulse zerfallen nach wenigen Zehntelsekunden. Ein Beispiel für das auditive sensorische Gedächtnis ist unsere Fähigkeit, in einem Gespräch etwas zuvor Gesagtes zu wiederholen, obwohl es gar nicht unsere Aufmerksamkeit erfahren hat.

Sensorisches Gedächtnis (Ultrakurzgedächtnis)

Was unsere Aufmerksamkeit erfährt, wird in die nächste Speicherform weitergeleitet. Im Zentrum dieser bewussten Informationsverarbeitung steht das Arbeitsgedächtnis (in älteren Modellen Kurzzeitgedächtnis genannt, in neueren Modellen als eine komplexe Anordnung interagierender Subsysteme dargestellt). Es dient als ein Speicher, in dem eine kleine Menge von Informationen für etwa 20 Minuten bereitgehalten wird. Diese Informationsmenge ist begrenzt auf die „magische Zahl Sieben". George A. Miller prägte diesen Begriff durch sein Werk „The Magical Number Seven, Plus or Minus Two". Wir können also fünf bis maximal neun Informationseinheiten, das heißt Stichpunkte, Merkmale, Themen oder Arbeitsanweisungen, gleichzeitig in unserem Arbeitsspeicher halten. Wenn diese In-

Arbeitsgedächtnis

formationen anschließend nicht dauerhaft abgelegt werden (durch Notizen oder Verankerung im Langzeitgedächtnis), werden sie vergessen.

Beispiel: Arbeitsgedächtnis

Stellen Sie sich vor, es ist Samstagvormittag und Ihr Lebensgefährte sagt zu Ihnen: „Schatz, ich gehe noch einmal schnell zum Laden an der Straßenecke, um eine Zeitung zu kaufen. Soll ich dir etwas mitbringen?" Wenn Sie ein bis drei Wünsche äußern, besteht eine große Chance, dass diese erinnert und erfüllt werden. Fällt Ihnen jedoch noch mehr ein, was am Wochenende benötigt werden könnte, so wird es spätestens ab sieben Artikeln schwierig. Es ist dann keine böse Absicht, wenn das ein oder andere vergessen wird, sondern entspricht schlicht und einfach der Funktionsweise unseres Gehirns. Übrigens sind die Gehirne von Gedächtnisweltmeistern nicht anders gebaut als die der normalen Gehirnbenutzer. Nur verfügen die Champions über effektive Strategien, diese 7 ± 2 Informationseinheiten zu sehr großen Paketen zu schnüren und riesige Datenmengen geschickt zu verbinden.

Langzeit-gedächtnis Das Langzeitgedächtnis ist schließlich das dauerhafte Speichersystem des Gehirns. Um die Inhalte als Eiweißmoleküle langfristig einzulagern, ist das bewusste Wiederholen, Üben und Zirkulieren der Informationen im Arbeitsgedächtnis unerlässlich. Die Verankerung im Gedächtnis nimmt einerseits mit der Relevanz und der Anzahl der Assoziationen zu und andererseits mit der emotionalen Bedeutung der Inhalte. Über Begrenzungen der Kapazität und der Verweildauer der Inhalte ist nichts bekannt. Allerdings lassen Studien bei sogenannten Savants oder Inselbegabten[1] eine deutlich höhere Gedächtniskapazität vermuten als die normal genutzte. Das Vergessen scheint kein Kapazitätsproblem zu sein, sondern ist eher ein Schutz vor zu viel Wissen. Es wird weniger durch Informationsverlust in andere, kurzzeitige Gedächtnisformen verursacht als durch Interferenz mit anderen, vorher oder später gelernten Inhalten.

---

1 Savants bzw. Inselbegabte sind Menschen, die trotz einer allgemeinen kognitiven Beeinträchtigung eine außergewöhnlich hohe Begabung in einem sehr speziellen Bereich aufweisen wie z. B. der Autist aus dem Film „Rainman".

1.4 Lern- und Trainingsprinzipien

„Ich lehre meine Schüler nichts. Ich versuche nur Bedingungen
für sie zu schaffen, in denen sie lernen können."

ALBERT EINSTEIN, DEUTSCHER PHYSIKER

Welche Folgerungen können wir aus der Arbeitsweise unseres
Gehirns ableiten, um Lernprozesse optimal zu unterstützen?
In Anlehnung an unsere bisherigen Überlegungen und Fredric
Vesters Thesen (Denken, Lernen, Vergessen) lassen sich folgende acht Lern- und Trainingsprinzipien konstatieren, die Ihnen
bei einer gehirnfreundlichen Aufbereitung des Trainingsstoffes
helfen.

Lernprinzipien

**Gehirnfreundliche
Aufbereitung**

1. Positive Erlebnisse schaffen

Sorgen Sie für eine entspannte, angstfreie Lernatmosphäre
und Erfolgserlebnisse. So stimmen Sie Ihre Teilnehmer
positiv und sorgen zusätzlich für ein reibungsloseres Funktionieren des Gehirns. Mit positiven Erlebnissen verknüpfte
Informationen werden besonders intensiv verarbeitet und
sind flexibler und anwendungsbereiter im Gedächtnis verankert.

2. Lernziele verdeutlichen/Nutzen bieten

Verdeutlichen Sie die Ziele und den Sinn der Trainingsinhalte und lassen Sie immer wieder den Bezug zu den
Interessen der Teilnehmer deutlich werden. So erzielen Sie
wirksam Aufmerksamkeit und erreichen die Teilnehmer
effektiv, da nun das limbische System emotional als Lernbeschleuniger mitwirkt.

3. Sinnvolles Curriculum bauen

Das menschliche Gehirn sucht immer nach Sinn und Struktur. Wir erleichtern den Teilnehmern die Sinnsuche, indem wir sie dort abholen, wo sie stehen, und dann schrittweise in die Welt unserer Expertise einführen. So ist die Reihenfolge und der Aufbau von Trainings vorzugsweise am Verständnis und der Arbeitssituation der Teilnehmer auszurichten statt an historischen oder fachsystematischen Gesichtspunkten. Wir erleichtern den Teilnehmern die Informationsaufnahme, indem wir erst einen Überblick und eine Struktur bieten, bevor wir in die Details gehen. Das Gehirn kann so ein empfangsbereites Netz aufbauen, welches die Details leichter einfangen und einordnen kann.

4. Verdauliche Lernpakete schnüren

Schnüren Sie gut abgegrenzte Lernpakete. Achten Sie darauf, dass Erstinformationen sauber aufgenommen und verarbeitet werden können, indem Sie die begrenzte Aufnahmekapazität des Arbeitsspeichers berücksichtigen (7 ± 2 Informationseinheiten). Sorgen Sie zunächst für eine einfache und eindeutige Themendarstellung, bevor Sie „Variationen über das Thema" anbieten. Ähnliche und schwer unterscheidbare Inhalte würden sich sonst überlagern und nicht trennscharf einsortiert werden können. Vermeiden Sie diese sogenannte Interferenz ähnlicher Inhalte in den frühen Phasen der Wissensvermittlung.

5. „Fremdeln" vermeiden

Fremder Stoff und schwierige Begriffe lösen häufig Stress aus (siehe vorherige Kapitel) und erschweren somit die Aufnahme der damit verbundenen Inhalte. Als Trainer können Sie Denkblockaden verhindern, wenn Sie Brücken bauen. Verbinden Sie das „Neue" mit Vertrautem und Bedeutung.

Eine vertraute „Verpackung" mildert die Abwehr gegen das Unbekannte. Und eine vorab gebrachte Erklärung erleichtert die Aufnahmebereitschaft für ein kompliziert anmutendes Fremdwort oder einen komplexen Sachverhalt.

6. Wiederholung neuer Information
Damit neue Inhalte in den Langzeitspeicher aufgenommen werden können, müssen sie ein paar Runden im Arbeitsgedächtnis zirkulieren. Lassen Sie die entscheidenden Kerninhalte möglichst von den Teilnehmern wiederholen, reflektieren und einüben. Verbinden Sie die verschiedenen Lerninhalte miteinander. So gelingt die langfristige Speicherung am besten.

7. Inhalte mit vielen Kanälen verknüpfen
Nutzen Sie möglichst viele Sinneskanäle für die Darbietung und Verarbeitung der Trainingsinhalte. Lassen Sie die Teilnehmer die Inhalte vielfältig sehen, hören, erleben, ausprobieren usw. Je mehr Erlebnismöglichkeiten Sie schaffen, desto mehr Regionen sind im Gehirn bei der Informationsverarbeitung beteiligt und desto tiefer gelingt Verständnis und Vernetzung dieser Informationen. Das Gelernte kann dann leichter wieder aufgefunden werden, wenn es gebraucht wird.

8. An die Welt der Teilnehmer anknüpfen
Veranschaulichende Beispiele und Erklärungen vor allem aus der Welt der Teilnehmer verknüpfen darüber hinaus bereits im Training die Inhalte mit dem Arbeitsalltag. Lassen Sie Ableitungen treffen und Umsetzungsideen entwickeln. So werden die Trainingsinhalte bereits mit den Anwendungsmöglichkeiten vernetzt gespeichert und sind flexibler abrufbar. Damit erleichtern Sie die Integration des Lernstoffes und den Lerntransfer.

2 Methodenkoffer für Ihr Training

> *„Sage es mir. – Ich werde es vergessen!*
> *Erkläre es mir. – Ich werde mich erinnern!*
> *Lass es mich selber tun. – Ich werde verstehen!"*
>
> KONFUZIUS, CHINESISCHER PHILOSOPH

Der Trainer als Architekt Im vorherigen Kapitel wurde erläutert, wie Lernprozesse funktionieren. Nun wollen wir daraus Ableitungen für die Lernarchitektur Ihrer Trainings treffen. Für Ihre Rolle als Bauherr gehirnfreundlicher Trainings benötigen Sie zunächst einmal einen Bauplan.

2.1 Bauplan für gehirnfreundliche Trainings

Basierend auf den Ergebnissen der Gehirnforschung sind in den letzten Jahren eine Reihe von Modellen entstanden, die das menschliche Lernen abbilden und Baupläne für das Lehren bieten. Viele der Modelle entsprechen sich in ihren Grundzügen. Sie enthalten zwischen vier und elf Schritte (Letzteres überschreitet jedoch aus lernbiologischer Sicht die kritische Zahl von 7 ± 2!).

Malcolm J. Nichol und Colin Rose entwickelten 2002 einen gut handhabbaren methodischen Ansatz zur Verbesserung des Lehrens: *Accelerated Learning* oder *Aktivierendes Lernen* genannt. Dieser Ansatz hat sich international im Bereich der aktivierenden

Lernmodelle durchgesetzt. Mit diesem Vorgehen werden Inhalte gehirngerecht und sinnvoll strukturiert, sodass Lernen zum einen angenehme Erfahrungen ermöglicht und zum anderen effektiv gestaltet ist. Mit der folgenden Vorgehensweise können Sie Lernprozesse erfolgreich steuern und die übliche *Vergessensquote von zirka 80 Prozent in eine Behaltensquote von etwa 70 Prozent umwandeln.*

Das dreistufige MASTER-Modell von Colin Rose bietet eine wertvolle Konzeptionshilfe für Trainings und Schulungen.

MASTER-Modell nach Rose

- **M** steht für mentales Einstimmen und Vorbereiten, für die Motivation der Teilnehmer.
- **A** steht für das Aufnehmen der Lerninhalte.
- **S** steht für die Suche nach Sinn und Bedeutung für den Lernenden und letztlich das Speichern mit den drei Unterstufen
  - **T** – Treibstoff für das Gedächtnis,
  - **E** – Einsatz des Gelernten und
  - **R** – Reflexion über das Gelernte.

Schritt 1: Mentale Einstimmung (M)

Zu Beginn eines Trainings – aber auch am Anfang jeder neuen Lerneinheit – sollte zunächst die Basis für gute emotionale und motivationale Lernbedingungen geschaffen werden. Dies wird erreicht durch eine positive und entspannte Atmosphäre, einen Überblick über die Lerninhalte und deren Nutzen für die Teilnehmer. Durch Anknüpfen an Bekanntes und Verknüpfung mit Neuem wird der Bezug zu den Arbeitssituationen der Teilnehmer hergestellt. Gestalten Sie zu Beginn eines Trainings diese Phase besonders ausführlich und behutsam. Sorgen Sie für Orientierung, emotionale Sicherheit und eine Verbindung zu und zwischen den Teilnehmern. Ein Beispiel für Ihren Trainingsanfang finden Sie in Kapitel 3.4.

Schritt 2: Aufnahme der Lerninhalte (A)

Denken Sie einmal zurück an Ihre letzten Prüfungen oder andere Situationen, in denen Sie sich mit einem Stoff auseinandersetzen und lernen mussten. Wie sind Sie vorgegangen? Was funktionierte gut, was lag Ihnen gar nicht? Jeder Mensch hat seine eigenen Lernvorlieben und Lernwege.

Drei Lerntypen Grundsätzlich gibt es drei Lerntypen:
1. auditiv,
2. visuell,
3. kinästhetisch, d. h. begreifen im Sinne von „be-greifen", anfassen, tun.

Manche Menschen können dementsprechend Informationen gut über das Zuhören aufnehmen (auditiv), während andere die Informationen in Form von Bildern, Diagrammen, Vorführungen und Darstellungen sehen wollen (visuell). Andere wiederum möchten die Inhalte gemeinsam durchsprechen oder müssen sie konkret ausprobieren (kinästhetisch). Um alle Teilnehmer mit ihren unterschiedlichen Lernpräferenzen optimal zu erreichen, sollte der Lernstoff auf möglichst vielen Wahrnehmungskanälen angeboten werden.

Neben diesen unterschiedlichen Lernarten gibt es einen weiteren Grund, Informationen möglichst vielfältig anzubieten. In der folgenden Grafik sehen Sie die unterschiedlichen Wege der Informationsaufnahme und den Einfluss auf die Behaltensquote.

Sowohl für die Motivation der Teilnehmer als auch für das Behalten ist es also wichtig, bei der Vermittlung der Inhalte auf eine möglichst hohe Eigenaktivität der Lernenden zu achten.

Wir behalten ...

Abbildung 2: Informationsaufnahme und das Behalten

Tipp: Je aktiver die Teilnehmer sich die Lerninhalte erarbeiten, desto besser werden sie sich an die Inhalte erinnern und desto besser werden sie diese verwenden können. Nutzen, strukturieren, organisieren und überwachen Sie diesen effektiven Lernweg.

Menschen kommen mit Wissen und Vorerfahrung ins Training, die unbedingt aufgegriffen werden müssen. Als Trainer sind wir dazu da, neue Fakten und Zusammenhänge zu vermitteln. Vermitteln Sie nicht alles, was es zu dem Thema zu sagen gibt, sondern gezielt Informationen oder Kompetenzen, die den Teilnehmern für ihre Belange weiterhelfen. Vorträge sollten verständlich und prägnant sein: Sie sollten eine Dauer von etwa 20 bis maximal 30 Minuten nicht überschreiten, da Gedächtnisinhalte nur für diese Zeit im Arbeitsspeicher gehalten werden können. Und sie sollten nicht mehr als 7 ± 2 Agenda-Punkte behandeln.

Schritt 3: Speichern der Lerninhalte (S)

Den Sprung ins Langzeit- gedächtnis meistern

In diesem Schritt müssen die Lerninhalte verfestigt werden, damit sie den Sprung ins Langzeitgedächtnis schaffen. Diesen Sprung schaffen nur Informationen, die entweder hartnäckig wiederholt werden oder persönlich sinn- oder bedeutungsvoll erscheinen.

Unterstützen Sie diesen Prozess gezielt. Zunächst sollte der Sinn der Lerninhalte für das eigene (Arbeits-)Leben deutlich werden. Anschließend müssen die Inhalte noch ein paar Runden in unserem Kopf bewegt werden. Dafür gibt es vielfältige Möglichkeiten. Neben der reinen Wiederholung wie beim Vokabellernen können Sie spielerisch-sportliche Varianten anwenden, wie z. B. ein Quiz, Gruppenarbeiten oder Wettbewerbe und ähnliche Methoden. Ebenso effektiv und elegant ist es, schon in dieser Phase einen Bezug zu den bereits vorhandenen Erfahrungen zu knüpfen und auch Bezüge zum zukünftigen Anwenden zu schaffen. Dieser Schritt ist so wichtig, dass er gleich drei Unterschritte beinhaltet:

T: Treibstoff für das Gedächtnis

In den lernbiologisch kritischen Momenten braucht es Wiederholungen, damit das neue Wissen in das Langzeitgedächtnis übergeht: *„Wiederholung ist die Mutter aller Pädagogik."* Dieses Motto aus Großmutters Zeiten ist weiterhin aktuell, kann nun aber – mit den Prinzipien des Accelerated Learnings und durch Methodenvielfalt – belebt und mit Sinn gefüllt werden. Sorgen Sie für Wiederholungen der Kernaussagen, Diskussionen und Übungen. Eine Übersicht über die verschiedenen Trainingsmethoden finden Sie in Kapitel 2.2 (Bausteine für Ihr Training).

E: Einsatz des Gelernten

Praktische und realitätsnahe Erprobungen und Anwendungen des Gelernten bereits im Training ermöglichen den Lernenden, neue Informationen und Kompetenzen zu überprüfen und zu verbessern. Und sie geben dem Trainer Rückmeldung über die bereits erzielten Lernergebnisse und deren Anwendbarkeit für die Teilnehmer. Sorgen sie also für Hands-on-Erfahrungen wie Fallstudien, Rollenübungen usw.

R: Reflektieren des Gelernten

Die eigene Betrachtung der Lernergebnisse und deren Überprüfung auf ihre Anwendbarkeit und Alltagstauglichkeit helfen, die Lernleistung zu verfestigen und zu übertragen. Lassen Sie bereits im Training Umsetzungsideen entwickeln und Umsetzungsschritte für den Alltag planen. Das Gehirn kann so die Lernabschnitte besser abschließen und die Lernergebnisse in den Alltag hinüberretten.

Die Phasen des Master-Modells können durchaus spielerisch durchmischt werden. Zusammenfassend haben sich folgende *Grundregeln für die Konzeption von Trainings und Trainingseinheiten* bewährt:

Grundregeln zur Trainingskonzeption

- Jede Einheit beginnt mit einer Einstimmung in das Thema (M-Phase).
- Lassen Sie auf jede Informationsaufnahmephase (A-Phase) eine Phase zur Verfestigung des Gelernten (S-Phase) folgen.
- Jedes Training endet mit einer ausführlichen S-Phase (mit den Unterphasen T, E und R) zur Transfersicherung.

Tipps für die Konzeption:

1. Spätestens acht Minuten nach Beginn eines Kurses muss den Teilnehmern ihr persönlicher Nutzen deutlich geworden sein.
2. 70 Prozent der Zeit sollten die Teilnehmer aktiv eingebunden sein.
3. Alle 90 Minuten ist eine Pause fällig.
4. Da unser Arbeitsgedächtnis auf einen Zeittakt von etwa 20 Minuten eingestellt ist, brauchen Menschen nach 20 bis maximal 30 Minuten einen Rhythmuswechsel (z. B. vom Vortrag zur Gruppenarbeit). So werden die Inhalte der einzelnen Phasen am Tagesende leichter erinnert.

5. Jeder neue Input braucht zwei bis drei Aktivierungen, in denen die Inhalte mit verschiedenen Perspektiven, zunehmender Komplexität oder mehreren Anwendungsbezügen verankert werden.
6. Es sollten in einer Einheit nicht mehr als 7 ± 2 Themen behandelt werden.

Als Beispiel für ein nach diesen Prinzipien gestaltetes Trainingsmodul dient das Feedback-Modul in Kapitel 2.3.

2.2 Bausteine für Ihr Training

**Trainings-
methoden
gezielt wählen**

Nachdem der Bauplan für Ihr Werk steht, müssen Sie nun die Bausteine auswählen. So wie ein Architekt zwischen verschiedenen Materialien mit unterschiedlichen Eigenschaften und Vorzügen wählen kann, so hat auch der Trainer eine Vielzahl an Methoden zur Auswahl.

Dabei gibt es nicht die eine – optimale – Methode, sondern es gibt immer mehrere Möglichkeiten, ein (Lern-)Ziel zu erreichen. Wie im richtigen Leben, so auch im Trainingsraum stellt sich nicht immer der kürzeste Weg als der beste heraus. Bieten Sie Ihren Teilnehmern im Training Abwechslung, indem Sie mal das Flugzeug nehmen, dann in den Bus einsteigen, eine gemeinsame Fahrradtour unternehmen und vielleicht auch einmal einen besinnlichen Spaziergang durch die Lernlandschaften ermöglichen. Der wichtigste Aspekt für die Auswahl der Methode ist selbstverständlich nicht der Selbstzweck oder die Lieblingsübung des Trainers, sondern immer der Bezug auf die Trainingsziele.

Hier erhalten Sie einen *Überblick über gängige Methoden und ihren Einsatz im Training:*

Methode	Nutzen	Grenzen	Aktivitäten des Trainers	Aktivitäten der Teilnehmer
Referat/ Trainer-Input (TI)	Trainer führt in ein Thema ein, baut Wissen auf. Viel Information in kurzer Zeit	Schnell langweilig, sollte nicht länger als 20 Minuten dauern	Teilnehmerorientierte und interessante Vortragsweise wählen, Beispiele bringen, Visualisierungen einsetzen	Teilweise wenig Teilnahme, zuhören, Notizen machen
Lehrgespräch (LG)	Im Gespräch mit den Teilnehmern (TN) werden Themen erarbeitet, Positionen reflektiert und entwickelt, wird zum Nachdenken angeregt.	Vorwissen oder Erfahrungen müssen vorhanden sein, an die angeknüpft werden kann. Lenken Sie das LG durch gezielte Fragen: Welche Frage ist zu leicht, welche zu schwierig? Maximal 30 Minuten.	Kontrollierte Gesprächsführung durch rhetorische und echte Fragen. Erfordert gute Vorbereitung zum Thema: Welche Fragen will ich stellen?	Fragen stellen, Antworten geben, Dialog, reflektieren
Gruppenarbeit (GA)	Trainer lässt kleinere Gruppen (mit bis zu 5 Teilnehmern) zu einer definierten Aufgabenstellung arbeiten. GA fördert Erfahrungsaustausch und Kooperation (Team), bietet Aktivität für alle.	Diese Methode ist sehr lernwirksam, aber zeitintensiver als andere Methoden. Mögliche Machtkämpfe oder Abschweifen sind durch klare Arbeitsanweisungen einzugrenzen.	Klare Arbeitsanweisung schriftlich vorgeben: – Wer? – Was? – Wie? – In welcher Zeit? Helfen und Kontrollieren des Prozesses, nicht der Inhalte	Lesen, reflektieren, ausarbeiten, präsentieren
Einzelarbeit (EA)	Trainer lässt Teilnehmer zu einer definierten Aufgabenstellung arbeiten. Vorteile: TN können zunächst ihre Position, Belange usw. finden, sich den eigenen Kenntnisstand verdeutlichen. Es gibt Leute, die gerne allein arbeiten.	Einseitige Aktivität, kein Austausch, für manche langweilig	Klare Arbeitsanweisung schriftlich vorgeben: – Was? – Wie? – In welcher Zeit? Helfen und Kontrollieren	Lesen, reflektieren, ausarbeiten, präsentieren

Methode	Nutzen	Grenzen	Aktivitäten des Trainers	Aktivitäten der Teilnehmer
Rollen- übung (RÜ)	Standard- und schwierige Situatio- nen werden konkret eingeübt. Rollenverhalten reflektieren, neues Verhalten auspro- bieren; Praxisnähe (konkrete Situation) Dient dem Trainer zur Lernkontrolle	Projizieren der Inhalte auf die persönliche Ebene; Angst der Teil- nehmer, sich vor der Gruppe zu produzieren; mangelnde Fantasie der Teilnehmer	Erfordert sorgfältige Planung und Steue- rung: viel Vorarbeit: klare Regieanwei- sungen und Rollen- verteilung; am An- fang leichte Rollen und Übungen aus- wählen; möglichst plastisch, deutlich die Situation be- schreiben. Prinzip der Freiwil- ligkeit; d. h. Akteure unterstützen, Ängste nehmen, für Erfolgserlebnisse sorgen. Auf die Einhaltung eines konstruktiven Feedback-Prozesses achten!	Aktive Teilnahme: Einführung, Durch- führung, Auswer- tung, Erproben und Trainieren von Kompetenzen, Feedback nehmen und geben
Feed- back (FB)	Eigene Stärken und Schwächen kennenlernen (Abgleich Selbstbild und Fremdbild), eigene Wirkung optimieren, Lob/ Kritik geben und nehmen	Teilnehmer zur konsequenten Ein- haltung der Regeln anhalten. Achtung: Feedback muss respektvoll sein!	Feedback-Regeln und Feedback- Foki vorgeben oder erarbeiten und auf Einhaltung der Regeln achten. Auch selbst Feed- back geben.	Wertneutrales Beobachten und Beschreiben wer- den geübt. Feed- back-Regeln werden trainiert und eine konstruktive Feed- back-Kultur wird eingeübt.
Brain- stor- ming (BR)	Viele Ideen werden zu einer definierten Aufgabe ohne Wer- tung gesammelt.	Das Unterbinden von Kritik und Be- wertung muss in der Regel aktiv vom Trainer eingefordert werden. Von 100 Ideen sind etwa 10 brauchbar.	Auf die Einhaltung der Brainstorming- Regeln achten: 1. Ideen sammeln 2. aufschreiben 3. keine Bewertung	Ideen heraus- sprudeln lassen, Selbstverantwortung und Lösungsorien- tierung werden aktiviert.
Mind- mapping (MM)	Entwicklung vieler Ideen in strukturel- ler Form	Struktur kann Ideenfluss bremsen	Durch Fragen aktivieren, Beiträge visualisieren	Ideen sammeln und entwickeln

Methode	Nutzen	Grenzen	Aktivitäten des Trainers	Aktivitäten der Teilnehmer
Test (T)	Wissen überprüfen durch mündliche Fragen, schriftliche Ausarbeitungen oder Quiz-Formen	Erfasst nur einen Ausschnitt und nur Wissen und nicht Handlungskompetenzen	Vorbereitung der Fragen und der Auswertungsform, klare Einführung geben	Am Test teilnehmen, Lernen als Vorbereitung, Lernerfolgskontrolle
Diskussion (D)	Viele Meinungen werden präsentiert: ■ Ein Thema vertiefen ■ Positionen entwickeln ■ Vielschichtigkeit deutlich machen	Diskussionen können sich schnell verselbstständigen und am Thema vorbeilaufen.	Moderation, gelenkte Diskussionsführung, auf Ziel- und Zeiteinhaltung achten	Aktiv mitmachen, Positionen erarbeiten und diskutieren
Fallstudie (FS)	Für eine konkrete Situation (Fall) werden Lösungsmöglichkeiten erarbeitet. ■ Große Praxisnähe ■ Aktive analytische Durchdringung eines Themas	Hoher Zeitaufwand in der Vorbereitung für den Trainer, große Praxisnähe schaffen	Klare Arbeitsanweisung schriftlich vorgeben: – Wer? – Was? – Wie? – In welcher Zeit? Helfen und Kontrollieren im Prozess	Bereitschaft, sich in den Fall hineinzudenken, aktive Durchdringung des Themas und der Einflussfaktoren, Handlungsbereitschaft wird gefördert.
Planspiel (PS)	Wie die Fallstudie, hier aber nicht nur eine Ausarbeitung von Lösungsmöglichkeiten, sondern in der Regel auch deren Erprobung. Komplexe Zusammenhänge werden erlebbar gemacht.	Hoher Zeitaufwand in der Vorbereitung und im Training. Trainer muss ein genaues Regiebuch entwickeln.	Klare Arbeitsanweisung schriftlich vorgeben: – Wer? – Was? – Wie? – In welcher Zeit? Helfen und Kontrollieren im Prozess	Bereitschaft, sich in den Fall hineinzudenken, aktive Durchdringung des Themas und der Einflussfaktoren, Handlungsbereitschaft wird gefördert und Kompetenzen werden erprobt.

Methode	Nutzen	Grenzen	Aktivitäten des Trainers	Aktivitäten der Teilnehmer
Karten-Abfrage (KA)	Unterschiedliche Ideen, Erwartungen, Gedanken, Meinungen werden von jedem TN anonym auf Karten geschrieben und gesammelt, anschließend wird visualisiert und diskutiert. Die Karten stellen zugleich eine Dokumentation der Arbeitsergebnisse dar.	Die Aufarbeitung der Karten ist sehr zeitintensiv (mindestens 30 Minuten, bei großen Gruppen und Ordnen der Karten auch 90 Minuten).	Thema eingrenzen durch eine klare Zielsetzung und präzise Arbeitsanweisungen, Überlegung zur Kartenzahl pro TN und pro Pinnwand. Evtl. Kartenanzahl begrenzen (z. B. 3 Karten pro Fragestellung pro Person).	Jeder TN äußert sich in schriftlicher Form. Keine Meinung geht verloren. Meinungen werden in ihrer Vielfalt und Häufigkeit sichtbar.
Übung (Ü)	Übungen können verschiedene Nutzen haben: ▪ Erprobung des Gelernten ▪ Einstieg in ein Thema ▪ Auflockerung ▪ Neue Horizonte schaffen	Wenn den TN der Sinn der Übung deutlich ist, wird die Bereitschaft, mitzumachen, gesteigert.	Übung beschreiben oder selbstständig durchführen. Sinn und Ablauf präzise erläutern. Helfen und Kontrollieren im Prozess	Unvoreingenommen mitmachen, sich erproben
Experten-zirkel (EZ)	Teilnehmer werden zu Experten für ein bestimmtes Thema. Der eigene Bereich wird beherrscht, die Trainerrolle geteilt. Zeitersparnis und hohe Motivation, den anderen Teilnehmern etwas zu erklären; Wissen von Fachleuten kann genutzt werden.	Teilnehmer ist mit Aufgabe (z. B. mit der Erarbeitung eines Textes) evtl. überfordert, Lernkontrolle ist schwierig.	Expertenmaterial auswählen und den Teilnehmern zuteilen, Verständnis sicherstellen, unterstützen. Klare Arbeitsanweisung schriftlich vorgeben: – Wer? – Was? – Wie? – In welcher Zeit? Helfen und Kontrollieren im Prozess	Einlesen, verstehen, reduzieren, dann anderen deutlich machen ($\rightarrow$ führt zu einem sehr tiefen Verständnis des Themas)

Methode	Nutzen	Grenzen	Aktivitäten des Trainers	Aktivitäten der Teilnehmer
Energizer (E)	Kurze Übungen, um Energie und Motivation zu mobilisieren; oft zugleich als Einstieg oder Abschluss für Themenböcke nutzbar	Besonders ungewöhnliche Aktivitäten und Übungen brauchen eine behutsame Einleitung und einen Aufhänger, damit die Teilnehmer sich darauf ohne Ängste und Irritationen einlassen können.	Gute knackige Einleitung und eventuell „Aufhänger" für die Aktivität bieten, um somit Akzeptanz und Legitimation zu schaffen; klare Anweisungen zur Übung geben, kurze Reflexion oder Interpretation geben und zum „normalen" Ablauf überleiten	Aktivierung in Form von: - Bewegung - Gehirnjogging - Etwas Neues ausprobieren - In Kontakt kommen usw.
Blitzlicht (BL)	Statementrunde, in der sich jeder kurz und knapp der Reihe nach zu einer Frage äußert. Die schnelle Momentaufnahme spiegelt das Meinungsbild der Gruppe wider (Erwartungen, Feedback, Vorschläge usw.).	Die Qualität der Ergebnisse ist abhängig von Zielrichtung und Präzision der Fragestellung.	Fragestellung erläutern, zügig Statements einholen, Diskussion unterbinden, bis jeder eine Aussage getätigt hat	Position einnehmen, persönliche Stellungnahme, Selbstverantwortung übernehmen

Bei der Auswahl der Bausteine ist zu bedenken, dass Methoden mit einem hohen Präsentationsanteil seitens des Trainers (Trainerinput, Lehrgespräch) leichter zu planen sind. Sie können in der Regel gezielter und mehr Inhalte transportieren. Wie bereits erläutert, wird jedoch weniger von diesen Inhalten bei den Teilnehmern „hängen bleiben" und diese Inhalte sind dann bestenfalls bekannt. Beherrscht werden sie noch lange nicht.

Trainingsmethoden mit einem hohen Anteil an Teilnehmeraktivität wie Gruppenarbeiten oder Rollenübungen führen zu einer intensiveren Verarbeitung bis hin zur Beherrschung des Lern-

Teilnehmeraktivität bedarf sorgfältiger Planung

stoffes. Da Sie hier neben dem Inhaltsprozess auch stärker den Gruppenprozess steuern, bedürfen diese Methoden jedoch einer intensiveren Planung und professionellen Anleitung durch den Trainer. Hier finden Sie ein paar Hinweise dazu.

Hinweise zur Anleitung von Methoden mit hoher Teilnehmeraktivität

1. Einleitung/Hinführung
Führen Sie in das Thema ein und erläutern Sie kurz den Sinn der Aktivität. In der Regel können Sie direkt die Zielsetzung der Übung benennen. Wenn Sie z. B. die Behandlung von Einwänden bearbeiten, so werden Sie vermutlich zuerst einen theoretischen Input geben, dann Argumentationstechniken erläutern und anschließend die Anwendung üben. In der Einleitung des Anwendungsteils können Sie sagen: „Lassen Sie uns diese Techniken jetzt einmal ausprobieren und Erfahrungen damit sammeln. Folgendermaßen gehen wir jetzt vor ..." In anderen Situationen wollen Sie vielleicht noch nicht gleich „verraten", worum es geht, weil die Teilnehmer selbst das Thema entdecken sollen. Dann können Sie diese Aktivität folgendermaßen einleiten: „Ich möchte jetzt mit Ihnen ein kleines Experiment zum Thema XY machen. Im Anschluss werden wir daraus Ableitungen für Ihre Arbeitspraxis vornehmen ..."

Damit Teilnehmer sich auf die für sie häufig ungewisse Situation von Gruppen- oder Teilnehmeraktivitäten einlassen können, brauchen sie Sicherheit. Als Trainer geben Sie Sicherheit, wenn der Bezug zum Thema klar ist, der Sinn und der Ablauf der Übung deutlich wird und Sie dafür sorgen, dass jeder Teilnehmer mit konstruktiven Ergebnissen aus der Übung kommt.

Tipp: Diskutieren Sie nicht den Übungsaufbau mit der Gruppe, sondern geben Sie nur klare Anweisungen bezüglich der genauen Aufgabenstellung, der Rollen der Gruppenteilnehmer und der Arbeitsschritte inklusive Zeitvorgaben. Diese Kernangaben sollten den Teilnehmern visualisiert (auf Flipchart oder Arbeitsbogen) während des gesamten Übungsablaufes zur Verfügung stehen.

Wenn die Teilnehmer neue Verhaltensweisen erproben sollen, gestalten Sie die Übungen so, dass möglichst Erfolge gesammelt werden können. Lassen Sie die Teilnehmer schrittweise Neues erleben und ausprobieren. Beginnen Sie mit einfachen Schritten und kurzen Zeitintervallen, bevor Sie die Komplexität steigern. Achten Sie darauf, dass positives Feedback und Erfolgserlebnisse überwiegen, denn Menschen lernen am wirksamsten über angenehme Lernsituationen und positives Feedback (siehe Folgekapitel).

2. Durchführung

Sorgen Sie nun dafür, dass zügig mit der Arbeit begonnen werden kann. Bei Aktivitäten im Plenum geben Sie selbst das Startsignal. Wenn Sie Teilnehmer in verschiedenen Gruppen arbeiten lassen wollen, legen Sie vorab die *Einteilungsmethode* für die Gruppen fest. Sie können die Teilnehmer durchzählen lassen – z. B. wenn Sie drei Gruppen benötigen, wird in der Runde so oft bis drei gezählt, bis jeder eine Zahl genannt hat. Die Einser bilden dann jeweils eine Gruppe und ebenso die Zweier und Dreier. Sie können auch farbige Klebepunkte z. B. unter den Stühlen verteilen. Oder Sie lassen die Gruppenzugehörigkeit puzzeln, indem Sie bei drei Gruppen drei Vorlagen in so viele Teile schneiden, wie Sie Teilnehmer haben. Die Teilnehmer müssen

sich nun durch den Raum bewegen und ihre Gruppe finden. Dadurch entsteht Bewegung und Kontakt – ein immer
willkommener Nebeneffekt im Training.

Der Fantasie sind hier keine Grenzen gesetzt. Wichtig ist,
dass die Gruppeneinteilung unmissverständlich ist und
zügig gelingt. Wenn unterschiedliche Themen, Aspekte, Phasen in der Gruppenarbeit bearbeitet werden sollen,
können Sie die Gruppeneinteilung natürlich auch nach
Interesse vornehmen lassen.

Begleiten Sie die Teilnehmeraktivitäten sowohl im Plenum
als auch in den Gruppen. Schauen Sie bei den Gruppen
vorbei und vergewissern Sie sich, dass diese arbeitsfähig
sind und die Aufgabenstellung verstanden wurde. Bessern
Sie gegebenenfalls die Aufgabenstellung nach, jedoch ohne
inhaltlichen Input zu geben.

Abbildung 3:
Puzzeln Sie Ihre
Gruppen zusammen!

3. Abschluss

Zum Abschluss der Aktivität werden die Erfahrungen und Ergebnisse zusammengetragen, im Plenum präsentiert und reflektiert. Würdigen Sie immer Arbeitsergebnisse und Teilnehmerleistungen. Planen Sie ebenfalls ausreichend Zeit für eine Diskussion ein, da die Teilnehmer nun in der Regel sehr dicht an ihren eigenen Interessen, Sorgen, Zielen usw. dran sind und sich Gedanken über die Übertragung auf ihren Arbeitsalltag machen. Und genau dahin wollen Sie ja auch gemeinsam.

2.3 Beispiel eines Trainingsmoduls (Feedback)

Als Beispiel, wie die bisher beschriebenen Prinzipien umgesetzt werden können, soll uns das Trainingsmodul „Feedback" dienen. Ein Modul ist eine thematisch und zeitlich abgegrenzte Trainingseinheit. Ein Training besteht in der Regel aus mehreren Modulen. Bei einem gesetzten und vertrauten Rahmen können auch sehr kurze, fokussierte Einheiten in Form von Impulstrainings regelmäßig durchgeführt werden. So bieten sich z. B. für Callcenter kurze Minitrainings zu abgegrenzten Themen wie Gesprächseröffnung, Abschlusstechniken usw. an. Durch diese fokussierten Einheiten können kontinuierlich gezielte Impulse gegeben und nachverfolgt werden. In diesen Fällen kann ein Training sogar aus einer einzigen Einheit bestehen.

Feedback stellt ein Kernelement nahezu aller Trainings im Verhaltensbereich dar. Das liegt zum einen daran, dass Feedback ein zentrales Kommunikations- und Steuerungsinstrument menschlichen Verhaltens im beruflichen wie privaten Alltag ist. Konstruktives Feedback geben zu können ist somit eine Kernkompetenz vor allem im Bereich Kommunikation und Führung. Diese Kompetenz sollte daher in Trainings zu sozialen Kompe-

Sinn und Wirkung von Feedback

tenzen systematisch eingeübt und reflektiert werden. Zum anderen wird konstruktives Feedback im Training aktiv genutzt, um die Wirkung von alten oder neuen Verhaltensweisen zu erfahren und zu optimieren. Darüber hinaus dient Feedback dem Abgleich von Selbst- und Fremdbild. Es ist für Teilnehmer in Trainings oft eine der wichtigsten Erkenntnisse zu erfahren, wie sie auf andere wirken, was andere an ihnen schätzen und wie sie ihre Wirkung verbessern können. Das schafft Selbstbewusstsein im wahrsten Sinn des Wortes sowie mehr Souveränität und Effektivität im Handeln.

Nutzen Sie positives Feedback

Wissen Sie, wie man Delfinen, das Springen über Seile beibringt?

Nicht? Auch wenn Sie zurzeit nicht vorhaben, Delfintrainer zu werden, so lohnt es sich dennoch, weiterzulesen, denn diese Geschichte hat auch sehr viel mit menschlichem Verhalten zu tun. Sie lässt sich hervorragend in jedem verhaltensorientierten Training erzählen. Die Erkenntnisse sind übrigens auch für den persönlichen Alltag nützlich.

Zurück zu den Delfinen: Delfine springen normalerweise nicht von sich aus über Dinge und schon gar nicht über Dinge, die sie nicht kennen. Seile, Fischernetze usw. könnten eine Gefahr darstellen. Hier gibt es bereits eine erste Parallele zum menschlichen Verhalten.

Delfine lernen, Hindernisse zu überwinden, wenn man ihnen diese vertraut macht. Würde man sofort das Seil in der gewünschten Höhe anbringen und darauf warten, dass der Delfin die Hürde schwungvoll nimmt, würde man vermutlich ewig warten müssen. Wenn man jedoch das Seil auf den Boden des Beckens legt und den Delfin dann belohnt, wenn er zufällig darüberschwimmt, wird er dieses Verhalten in der Folge öfter zeigen. Nun müssen Sie nur noch das Seil schrittweise höherbringen und ab und zu einen Belohnungsfisch spendieren. Das machen Sie so lange, bis das Zielverhalten gelernt ist. Der Trick dieser „Fischpädagogik" liegt nun darin:

1. Warten Sie nicht, bis das gewünschte Verhalten von sich aus auftritt, denn dann müssten Sie sehr lange warten.
2. Bestrafen Sie nicht unerwünschtes Verhalten, denn das erzeugt Stress, ein ungünstiges Lernklima und somit eine Vermeidungsstrategie. Man (Delfin) wird Sie und das Seil versuchen zu meiden.
3. Erwischen Sie stattdessen den Delfin dabei, wenn er etwas „fast schon gut macht". Verstärken Sie bereits Annäherungen an das gewünschte Verhalten.

Tipp: Auch bei Menschen funktioniert diese Verstärkungsstrategie ganz hervorragend. Probieren Sie es einmal im privaten Bereich aus, wenn Sie mit Meckern und ähnlichen Alltagstechniken nicht weiterkommen. Im Trainingsbereich kann es zur guten Gewohnheit werden, die Teilnehmer dabei zu erwischen, wenn sie etwas gut machen. Sie erreichen damit nicht nur erstaunliche Verhaltensänderungen, sondern geben einen nachahmenswerten Impuls für eine konstruktive Kommunikationskultur.

Das Trainingsmodul Feedback ist einsetzbar für nahezu jedes Training im Verhaltensbereich, bei dem es darum geht, die Wirkung von Verhalten auf andere zu erfahren und zu verbessern (Präsentation, Kommunikation, Vertriebsthemen, Führung usw.). Es eignet sich aber auch als ein Minitraining oder ein Impulstraining, um in klar abgegrenzten kurzen Trainingseinheiten Impulse zu setzen. Wichtig ist dabei, dass alle Phasen eines Trainingsmoduls (Masterphasen aus Kapitel 2.1) integriert sind, mithin das Geben von konstruktivem Feedback erklärt, geübt und anwendet wird.

Beispiel: Trainingsbaustein Feedback

Zeit	Inhalt/Methoden	Medien
10:00 – 10:30	**Trainingsmodul Feedback**	
	Ziel:	
	▪ Teilnehmer (TN) kennen die Bedeutung und Funktion von Feedback	Flipchart (FC): Feedback-Fokus
	▪ TN wissen, worauf es in Feedback-Gesprächen ankommt	
	▪ TN können konstruktives Feedback geben	
	Inhalte/Ablauf:	
	Einstieg in das Thema Feedback	
	Übung Freeze: Was nehmen Sie an Herrn/Frau XY wahr?	
	Der Trainer bittet einen Teilnehmer, für eine bestimmte Zeit „einzufrieren", d. h. sich nicht mehr zu bewegen. Mit den anderen Teilnehmern wird am Flipchart (FC) gesammelt, was sie wahrnehmen. Der Trainer notiert alle Ergebnisse kommentarlos auf dem FC.	
	LG/FC: Was nehmen Sie wahr?	FC: Was nehmen Sie wahr?
	Mögliche Ergebnisse:	
	Herr XY...	
	– sitzt	
	– ist nachdenklich	
	– hat ein kariertes Hemd an	
	– hört interessiert zu	
	– fragt sich, was das eigentlich soll ...	

Zeit	Inhalt/Methoden	Medien

LG: Feedback – worauf?
Nachdem ein FC vollgeschrieben ist, stellt der
Trainer die Frage, was davon wirklich „wahrgenommen" werden kann bzw. was bereits Interpretation ist („ist nachdenklich", „hört inter-
essiert zu", ...). In der Regel ist der größte Teil der
Teilnehmerzurufe Interpretation. Im Lehrgespräch
wird der Unterschied zwischen Wahrnehmung
(mit unseren fünf Sinneskanälen) und Interpretation erarbeitet und anhand des Feedback-
Fokus-Modells untermauert.

FC: Feedback-
Fokus-Modell

Feedback-Fokus-Modell

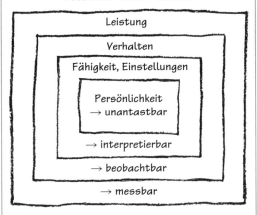

LG: Feedback – wozu?
Der Trainer verweist darauf, dass wir uns im Alltag
kontinuierlich Feedback geben – häufig jedoch in
der wenig professionellen Form wie z. B. „Du bist
unzuverlässig" (Persönlichkeitszuschreibung) oder
„Immer machst du ..." (Verallgemeinerung). Damit
Feedback seine eigentliche Funktion erfüllen kann
– dem anderen Rückmeldung zu geben, ohne zu
verletzen –, ist es hilfreich, respektvoll und dennoch klar zu formulieren. Dafür haben sich folgende Regeln bewährt (entweder mit Beispielen
präsentieren oder mit der Gruppe erarbeiten).

2.3 Beispiel eines Trainingsmoduls (Feedback) **51**

Zeit	Inhalt/Methoden	Medien
	TI/LG/FC: Feedback – wie? Regeln erarbeiten/geben Funktion: dem anderen Rückmeldung geben, ohne zu verletzen – zeitnah – verhaltensnah, Beispiele – dann evtl., wie es auf Sie wirkt als Ich-Botschaft – Lösungsorientierung – Feedback-Burger bauen: + Mir gefällt ... – Ich wünsche mir ... + Mir gefällt ... Beispiel: + Ich freue mich, wie schnell Sie die Kundenan- frage eigenständig bearbeitet haben ... – Ich wünsche, dass Sie die getroffenen Vereinba- rungen umgehend im System festhalten ... + Mir gefällt, wie Sie die Anfrage genutzt haben, um sie für unser Cross-Selling-Angebot zu nutzen ... **LG: Feedback als Führungsinstrument** LG über die Bedeutung von Feedback als wirkungs- volles Mittel der Verhaltenssteuerung und zur Etab- lierung einer offenen und wertschätzenden Kommu- nikationskultur. Häufig unterschätzt, aber besonders wirksam ist vor allem positives Feedback nach dem Motto „er- wische deinen Mitarbeiter, wenn er etwas gut bzw. fast schon gut macht", d. h., die Annäherung an er- wünschtes Verhalten wird mit positiver Aufmerksam- keit verstärkt. (Delfin-Geschichte: Wie bringt man einem Delfin bei, über ein Seil zu springen? Ant- wort: indem man das Seil zunächst auf den Boden des Bassins legt; wenn der Delfin zufällig darüber- schwimmt, bekommt er einen Fisch. Dann wird das Seil sukzessive höher angebracht und der Delfin wird jeweils mit einem Fisch belohnt, bis das gewünschte Verhalten erreicht ist.)	FC: Feedback- Regeln

Zeit	Inhalt/Methoden	Medien
	Ü: Feedback üben Im folgenden Verlauf des Trainings werden die erarbeiteten Feedback-Regeln systematisch geübt und reflektiert. Jeder TN kommt mindestens einmal in die Rolle des Feedback-Gebers und des Feedback-Empfängers (siehe Präsentationstraining im Download-Teil III).	

2.4 Wie Sie Veränderungsprozesse nachhaltig gestalten

In manchen Trainings geht es um die reine Vermittlung von Fachwissen. Die meisten Trainings sollen jedoch auch die Anwendung dieses Wissens beziehungsweise ein erfolgreiches Wirken als Führungskraft, Präsentator, Teamkollege, Verkäufer, Einkäufer usw. sicherstellen. Daraus ergibt sich die Frage: Wie erzielen wir die gewünschte Veränderung? Und wie stabilisieren wir sie nachhaltig? Wie erreiche ich, dass ein Präsentator sein Publikum gewinnt oder eine Führungskraft ihr Team erfolgreich führt? Mit dem reinen Fachwissen über die Gestaltung von Powerpoint-Folien wird ein Präsentator noch kein Publikum erreichen. Auch die Kenntnis von Führungsmodellen macht eine Führungskraft nicht zur Führungspersönlichkeit. Menschliches Verhalten ist vielschichtiger und komplexer. Was soll nun trainiert werden?

Im Trainings- und Beratungsumfeld gibt es zu dieser Fragestellung eine unüberschaubare Anzahl von Ansätzen, Theorien und Interventionsmethoden: Transaktionsanalyse, systemische Therapie, Verhaltenstherapie, psychoanalytische Ansätze, Gestaltberatung, ... Es herrscht nahezu ein Glaubenskrieg, welcher Ansatz und welche Methode die wirksamere ist. Wissenschaftliche Belege gibt es wenige. Dafür verschreiben sich Trainer, Berater und Coaches umso leidenschaftlicher der einen oder anderen Schule. Die meisten Ansätze haben eines gemeinsam: Sie stellen

Modelle vereinfachen die Realität

einen bestimmten Aspekt menschlichen Verhaltens in den Fokus der Betrachtung und klammern den Rest aus. Das ist zwar das Grundprinzip und der Nutzen von Modellen, weil sie dadurch die Komplexität der Welt reduzieren und schnelle Handlungsmöglichkeiten schaffen. Aber es ist somit nur eine von mehreren möglichen Brillen, die lediglich eine eingeschränkte Sicht und begrenzte Handlungsmöglichkeiten liefert. So wird in Trainings häufig entweder das Fachwissen behandelt oder die Verhaltensebene betont oder man bewegt sich in höheren Sphären der Sinn- und Identitätsfragen bis hin zu spirituellen Aspekten.

Und das Resultat? Die im Bereich des Fachwissens geschulten Führungskräfte agieren als ausgebildete Doktoren der Führung, können akademisch argumentieren und z. B. Führungsstile definieren, diese jedoch nicht automatisch adäquat anwenden, geschweige denn ein konstruktives Gespräch führen. Kollegen, die ein Führungskräftetraining mit den Schwerpunkten Sinn und Identität besucht haben, sind hingegen äußerst reflektiert und haben eingehend über ihre Rolle im Unternehmen und in der Welt nachgedacht. Aber es fehlt ihnen das Handwerkszeug, diese Ideen in die Tat umzusetzen. Beide etwas polarisiert gezeichneten, jedoch durchaus so im Trainingsmarkt buchbaren Ansätze sind wenig sinnvoll im Hinblick auf die Teilnehmer und die Unternehmen.

Den ganzen Menschen im Blick behalten Wenn Sie eine zielgerichtete Verhaltensänderung dauerhaft bewirken wollen, empfiehlt sich eine systematische Herangehensweise. Richten Sie den Blick auf den ganzen Menschen. Zumindest sollten Kopf, Herz und Hand beachtet werden: Wissen, Motivationen und Emotionen sowie die Kompetenzen beziehungsweise das konkrete Verhalten. Als differenzierter Trainer handeln Sie bedarfs- und zielorientiert, das heißt, Sie passen nicht den Bedarf an Ihre Lieblingsmethoden an, sondern die Methoden an den tatsächlichen Bedarf. Um Veränderungen nachhaltig zu erreichen, haben Sie dann mehrere Modelle und Methoden zur Verfügung, kennen deren Nutzen und Grenzen und setzen diese bedarfsorientiert ein.

Beispiel: Herr Schmidt führt nicht

Schauen wir einmal Herrn Schmidt bei seiner Arbeit zu. Herr Schmidt ist seit fünf Jahren in der IT-Abteilung der Firma Holzhausen und Söhne. Er besitzt ausgesprochen analytische Fähigkeiten, ist fachlich hervorragend und seine Arbeit wurde von allen über die Jahre hinweg sehr geschätzt. Herr Schmidt galt als der beste Mitarbeiter der Abteilung. Vor einem Jahr ging der bisherige Abteilungsleiter in den Ruhestand und Herr Schmidt wurde zur Führungskraft des Teams befördert. Seitdem läuft es in dem Team nicht mehr rund. Herr Schmidt widmet sich weiter in gewohnter Weise seinen Projekten, während die Steuerung der Abteilung und die Führung der Mitarbeiter auf der Strecke bleiben.

Herr Schmidt war doch immer ein exzellenter Mitarbeiter. Wo also liegt das Problem? In einem Gespräch mit seinem Vorgesetzten wird herausgearbeitet, dass Herr Schmidt nicht weiß, wie er Mitarbeitergespräche führen soll, wie er Ziele setzen kann, wie er Meetings steuert usw. Es wird ein Training herausgesucht, welches genau diese Kompetenzen trainiert. Herr Schmidt besucht das Training, lernt verschiedene Führungsmodelle und -tools kennen und übt die entsprechenden Kompetenzen, bis er das Handwerkszeug einer Führungskraft beherrscht. Nach einer intensiven Trainingswoche kommt er mit guten Vorsätzen zurück an seinen Arbeitsplatz. Und – es ändert sich nichts! Obwohl Herr Schmidt nun über die notwendigen Kompetenzen verfügt, zeigt er immer noch nicht das Verhalten einer Führungskraft. Er führt weiterhin keine Gespräche mit seinen Mitarbeitern, sondern übernimmt lieber selber Aufgaben, als dass er sie delegiert. Ein weiteres Gespräch mit dem Vorgesetzten folgt. Dieser überzeugt Herrn Schmidt von der Wichtigkeit der Führungsarbeit und von der Dringlichkeit einer Verhaltensänderung. Nun besitzt Herr Schmidt neben den Kompetenzen auch die Überzeugung, aber ... noch immer ist keine beobachtbare Verhaltensänderung in Sicht. In einem weiteren Gespräch wird deutlich, dass Herr Schmidt von Führungskräften immer noch als „denen da oben" spricht und noch nicht in der Rolle als Führungskraft angekommen ist. Er betrachtet sich weiterhin – wie in den letzten fünf Jahren – als Kollege unter Kollegen und hat keine Vorstellungen davon, wie er diese neue Rolle einnehmen möchte. Was also von Anfang an fehlte, war eine Identifikation mit der neuen Rolle.

Sie schmunzeln? Das ist ein ganz typisches Phänomen. Und was zeigt uns das Beispiel? In Bezug auf Trainings zeigt es uns, dass ein schnelles Einschießen auf eine der Ebenen nicht reicht, um Veränderungen zu erzielen. Es veranschaulicht, dass die Ebenen des menschlichen Verhaltens hierarchisch gegliedert sind und sich wechselseitig beeinflussen.

Eine systematische Herangehensweise an Veränderungsprozesse bei Menschen, aber auch Teams und Organisationen stellt das Modell der psycho-logischen Ebenen der Veränderung dar. Die von Robert Dilts (1990, 1993, ..., 2005) beschriebenen „Ebenen der Veränderung" dienen der Klärung, auf welcher Ebene die Probleme oder Veränderungsbedarfe angesiedelt sind und wo und wie die Veränderungsarbeit effektiv ansetzen kann.

Die psycho-logischen Ebenen der Veränderung

I. Vision/Sinn:	Wozu?	Was will ich erreichen? Was ist meine Aufgabe?
II. Identität:	Wer?	Wie verstehe ich meine Rolle (Rollenbild, Selbstbild)?
III. Überzeugungen:	Warum?	Was ist mir wichtig (Motivation, Werte, Einstellungen, Glaubenssätze)?
IV. Fähigkeiten:	Wie?	Über welche Kompetenzen, Fertigkeiten, Strategien usw. verfüge ich?
V. Verhalten:	Was?	Was mache ich konkret (Aktion)?
VI. Umgebung:	Wo? Wann?	In welchem Kontext (Raum, Zeit, Reaktion)?

Diese psycho-logischen Ebenen sind hierarchisch gegliederte Ebenen, die sich wechselseitig beeinflussen: Höher angeordnete Ebenen ermöglichen und organisieren die darunterliegenden Ebenen. Veränderungen auf einer höheren Ebene haben somit Veränderungen auf darunterliegenden Ebenen zur Folge. Eine Änderung auf einer der unteren Ebene kann, muss aber nicht die darüberliegenden Ebenen beeinflussen.

Was bedeutet das? Welche Verhaltensweisen ein Mensch zeigen kann, hängt ab von seinen Fähigkeiten. Die Entwicklung von Fähigkeiten hängt ab von der Motivation der Person, die von deren Motiven, Werten und Überzeugungen gespeist wird. Die Motivation ist abhängig von den Vorstellungen einer Person über sich selbst – ihrer Identität: Was glauben wir, wer wir sind? Was glauben wir, wie uns andere sehen? Eng verbunden damit ist die Ebene, die über das Individuum hinausgeht: Was wollen wir bewirken? Wozu fühlen wir uns zugehörig? Wonach streben wir?

Unser Beispiel von Herrn Schmidt zeigt, dass eine Handwerksbox an Führungskompetenzen eine Person noch nicht zur Führungskraft macht. In der Regel wird jedoch die Entwicklung von Fähigkeiten irgendwann Veränderungen der Selbstüberzeugungen und des Selbstbildes im Bereich dieser Kompetenzen nach sich ziehen. So wird ein Schüler, der über einen längeren Zeitraum gute Noten schreibt, vermutlich auch irgendwann über sich glauben: „Ich bin ein guter Schüler." Manche Menschen entwickeln dieses positive Selbstbild bereits nach der ersten befriedigenden Note, manche nach einem halben Jahr mit guten und sehr guten Leistungen und manche glauben es selbst nach einem Einser-Abitur noch nicht. In letzterem Fall ist wahrscheinlich das Selbstbild mit der generalisierten Vorstellung „Ich bin nicht gut" so übermächtig, dass es immun gegenüber jeder Eins, jedem Lob und jeder Beförderung ist.

Ein Hammer macht noch keinen Handwerker

Wenn Sie also den Satz hören, „Ich kann das nicht machen!", dann hören Sie genau hin, denn es verstecken sich fünf Ebenen in diesem kleinen Satz.

Ich	kann	das / jetzt / hier	nicht (können)	machen!
Identität (II)	Fähigkeit (IV)	Kontext (VI)	Überzeugung (III)	Verhalten (V)

Bezogen auf Herrn Schmidt, kann die Ursache für sein fehlendes Führungsverhalten (V) darin liegen, dass er sich gar nicht als Führungskraft begreift (II), dass er nicht die entsprechenden Fähigkeiten oder Kompetenzen besitzt (IV) oder die Überzeugung (III) hat: „Ich kann doch meinen ehemaligen Kollegen keine Anweisungen geben." Ein Verhalten oder Nichtverhalten steht selbstverständlich auch immer im Zusammenhang mit dem Kontext (VI). Vielleicht würde Herr Schmidt in einem neuen Team mit neuen Mitarbeitern schneller Führungsverhalten zeigen.

Veränderungen auf mehreren Ebenen verankern

Bezogen auf die eingangs gestellte Frage „Was soll trainiert werden?" lässt sich zusammenfassend feststellen, dass es für die erfolgreiche Entwicklung von Mitarbeitern und Führungskräften hilfreich ist, alle psycho-logischen Ebenen zu beachten, zumal sie sich gegenseitig unterstützen, aber auch behindern können. Durch die Verankerung auf mehreren Ebenen erreichen Sie Nachhaltigkeit, die Veränderung wird tiefer und vernetzter angelegt, sodass hiermit zugleich der Transfer der Trainingsinhalte in den Alltag gesichert wird.

Wie Sie Ihren Fokus der Veränderung ausrichten, wird davon abhängen, wo die Probleme oder Veränderungsziele angesiedelt sind und mit welchen Interventionsformen Sie arbeiten. In Trainings wird der Schwerpunkt in der Regel überwiegend auf der Verhaltens- und Fähigkeiten-Ebene und damit auf dem *Trainieren von Kompetenzen* liegen. Dennoch ist es ebenfalls wichtig, an Rollenbildern, Haltungen und Einstellungen zu arbeiten, um neue Verhaltensweisen zu ermöglichen. In Coachings liegt zumeist der Schwerpunkt in den Bereichen *Überzeugungen und Rollenvorstellungen*. Dennoch sollte auch hier darauf geachtet werden, dass der Coachee Anregungen für die Umsetzung auf der Verhaltensebene erhält. In umfangreichen Entwicklungsprogrammen z. B. von Führungskräften kann es sehr sinnvoll sein, Trainingseinheiten mit Praxis- und Coaching-Einheiten zu verbinden, denn so verankern Sie die Entwicklungsimpulse auf verschiedenen Ebenen und erleichtern hierdurch den Transfer in den beruflichen Alltag.

Fazit: Gehen Sie vielschichtig in Ihren Entwicklungskonzepten vor, denn:

> *„Man kann ein Problem nicht mit den gleichen Denkstrukturen lösen, die zu seiner Entstehung beigetragen haben."*
>
> ALBERT EINSTEIN,
> DEUTSCHER PHYSIKER

3 Konzeption eines Trainings

„Der Mensch ist ein zielstrebiges Wesen, aber meistens strebt
es zu viel und zielt zu wenig."

GÜNTER RADTKE,
DEUTSCHER JOURNALIST UND SCHRIFTSTELLER

Nun wissen Sie genug über die Erfolgsfaktoren und Methoden
des Lernens und können sich an die konkrete Gestaltung der Trainings machen. Grundsätzlich kann der Impuls für die Entwicklung eines Trainings aus zwei Richtungen kommen. Entweder
wendet sich ein Auftraggeber mit einem bereits erkannten Bedarf
und einer Anfrage an Sie. Oder Sie haben eine tolle Idee für ein
Training, welches Sie entwickeln und anbieten möchten. In beiden Fällen ist es ratsam, sich nicht sofort auf die Ausarbeitung der
Inhalte und Übungen zu stürzen, sondern zunächst einen Schritt
zurückzutreten und zu verstehen, worum es gehen soll: Was will
und braucht der Kunde? Was genau können Sie anbieten?

3.1 Vorspann: Das Telefon klingelt

Beispiel: „Machen Sie doch mal ein Konzept!"
*Mittwoch früh. Das Telefon klingelt. „Guten Morgen, Frau Ischebeck. Ich
habe letztens einen interessanten Fachartikel von Ihnen gelesen und gesehen, dass Sie auch Trainings anbieten. Wir wollen etwas für die Mitarbeiter unserer Firma tun. Machen Sie denn auch Motivationstrainings?
Wir stellen uns eine zweitägige Veranstaltung vor. Machen Sie doch mal
ein Konzept, dann können wir uns darüber unterhalten. Können wir uns
dazu nächste Woche zusammensetzen?"*

So beginnen Aufträge oftmals. Alternativ wird auch gerne gefragt: „Können Sie auch Moderation?", „Haben Sie noch Kapazitäten frei für eine Führungsentwicklung?". Wenn Sie aus der IT- oder einer anderen Branche kommen, setzen Sie einfach Ihre Themen in diesen Ad-hoc-Zuruf ein. Das grundlegende Prinzip ist genau das gleiche. Der Auftraggeber meint häufig, damit sei das Wesentliche bereits gesagt. Und der Rest sei nur noch eine Frage der Organisation. Vorsicht! Übernehmen Sie keinen Auftrag zwischen Tür und Angel. Und legen Sie nicht los, bevor Sie nicht verstanden haben, worum es geht. Warum, zeigt folgendes Beispiel:

Kein Auftrag zwischen Tür und Angel

Beispiel: Aneinander vorbeigeredet

Ein Trainerkollege von mir bekam einen Anruf des Geschäftsführers eines mittelständischen Unternehmens mit der Bitte, die Führungsmannschaft in der Moderationsmethode zu trainieren. Man einigte sich über Zeit, Ort, Teilnehmeranzahl und Trainerhonorar. Der Kollege entwarf ein ausgefeiltes Training mit einer Beispielmoderation, Übungsmöglichkeiten für die Teilnehmer zu allen Moderationsphasen und vielen aktivierenden Übungen mit den Moderationsmedien. Schwer bepackt mit transportablen Moderationswänden, Flipchartrollen, Moderationskoffer voller Stifte, Karten und Nadeln, reiste er zum Trainingsort an und bereitete den Trainingsraum lehrbuchmäßig vor.

Als die Teilnehmer am nächsten Morgen den Raum betraten und mit Packpapier bespannte Wände, einen Stuhlkreis ohne Tische und eine Videokamera sahen, staunten sie nicht schlecht. Noch mehr staunten sie, als sie aufgefordert wurden, ein Flipchartpapier mit persönlichen Angaben zu verfassen und sogar noch Bilder dazu zu malen! Als sie dann noch Karten zu irgendwelchen Themen beschriften sollten, schriftlich diskutieren und bunte Punkte kleben sollten, platzte den Teilnehmern der Kragen. Was das denn – bitte schön – mit ihrem Arbeitsalltag zu tun haben solle, war noch eine der konstruktiven und friedlicheren Bemerkungen.

Was war schiefgelaufen? Der Geschäftsführer hatte ein Anliegen: Die Meetings in seinem Hause waren sehr langatmig, wenig zielführend und endeten oft ergebnislos. Die Besprechungskultur sollte effizienter und zielführender gestaltet werden. Ein knackiges Training zum Thema „Bespre-

chungen leiten" wäre hilfreicher und weniger aufwendig gewesen. Leider gelang es dem Geschäftsführer nicht, diesen Bedarf klar und eindeutig zu kommunizieren. Und der Trainer versäumte eine fundierte Auftragsklärung. Und so war das entwickelte Training eine perfekte Lösung für einen völlig anderen Bedarf!

Den Auftrag präzise klären Wenn Ihr Ansprechpartner für den Auftrag Expertise bezüglich des Themas hat und die Teilnehmer und deren Arbeitssituation relativ gut kennt, kann er wahrscheinlich deutlich erklären, was das Problem ist und welche Einstellungen, welches Verhalten nicht mehr erwünscht beziehungsweise erforderlich sind. Sie können jedoch getrost davon ausgehen, dass diese Situation eher die Ausnahme als die Regel darstellt. Denn Sie werden ja beauftragt, weil Sie der Experte sind. Daher sind Auftraggeber häufig zunächst wenig präzise in der Problem- und Zielbeschreibung. Oft haben sie bereits Lösungsvorstellungen, ohne das Problem hinreichend verstanden und erklärt zu haben. Fachbegriffe werden gerne falsch benutzt und suggerieren irrtümlicherweise Fachkompetenz zu dem entsprechenden Thema. So wurde in unserem Beispiel der Begriff Moderationstechnik genutzt, ohne dass geklärt wurde, was genau damit gemeint ist. Folglich wurde Moderieren mit dem Thema Leiten von Meetings verwechselt, welches andere Ziele, eine andere Rolle und andere Kompetenzen erfordert.

Aber zum Glück haben Sie als Auftragnehmer ja die entsprechende Fachkompetenz! Anstatt nun Ihrerseits Lösungen zu rudimentär kommunizierten, nicht ausreichend verstandenen Problemen zu bieten, beginnt hier Ihre erste, aber häufig wenig beachtete Aufgabe als Trainer: die Beratung des Auftraggebers und letzten Endes die präzise Auftragsklärung.

 Tipp: Sie sind der Fachmann für Ihre Trainingsthemen. In der Phase der Auftragsklärung haben Sie neben der Trainerrolle ebenfalls die Beraterrolle inne. Helfen Sie also Ihrem Gesprächs‑

partner bei der Konkretisierung seines Anliegens. Fragen Sie nach, klären Sie Fachbegriffe, finden Sie gemeinsame positive statt negative Zielformulierungen. Verständigen Sie sich anhand von konkreten Beispielen, wie das gewünschte Trainingsergebnis aussehen soll.

Ob Sie nun ein IT-Training oder ein Fachtraining, eine kurze Schulungseinheit oder ein komplexes Entwicklungsprogramm konzipieren möchten – klären Sie zunächst den Auftrag beziehungsweise das Ziel der Maßnahme. In den nächsten beiden Kapiteln wird genau erläutert, wie Sie dabei vorgehen können. Es werden zunächst der Prozess der Auftragsklärung und anschließend die Entwicklung eines neuen Trainingsprodukts dargestellt.

3.2 In sechs Schritten zum Trainingsauftrag

Sechs Schritte sind es bis zum Trainingsauftrag. Klären Sie Schritt für Schritt die folgenden Fragen sorgfältig, bis Sie ein umfassendes Verständnis der Ausgangssituation und der Zielvorstellung des Auftraggebers haben. Eine zusammenfassende Checkliste dieser Schritte finden Sie auf Seite 72 f.

1. Schritt: Wie kommt es zu dieser Anfrage?

Im ersten Schritt geht es darum, zunächst ein umfassendes Verständnis für das Thema und die Ausgangssituation (Ist-Situation) zu bekommen – auch wenn der Auftraggeber bereits eine konkrete Trainingsmaßnahme formuliert (siehe unser Beispiel Moderationstraining). Sie werden ein Training umso passgenauer entwickeln können, je genauer Sie das Anliegen, die Zielgruppe und die Rahmenbedingungen kennen. Häufig lässt sich so im Vorfeld schon erkennen, was die Umsetzung und den Lerntransfer erschweren oder unterstützen kann. Mit einer präzisen Auftragsklärung werden Sie im Training bestens gegen Einwände der Teilnehmer gewappnet sein und vielleicht sogar vorab die eine oder andere Umsetzungshürde aus dem Weg räumen. Auf die Frage, wie es zu dieser Anfrage kommt, sind zwei Ausgangspositionen denkbar:

1.1 Handelt es sich um eine rein *angebotsorientierte Maßnahme?*

Soll ein Trainingsangebot wie z. B. ein Präsentationstraining in den Trainingskatalog des Kunden aufgenommen werden? In diesem Fall erfragen Sie, was bisher zu dem Thema passiert ist. Wurden bereits gleiche oder ähnliche Trainings zu dem Thema durchgeführt? Mit welchen Ergebnissen? Was sind die Erwartungen an den neuen Anbieter?

1.2 Oder gibt es einen *konkreten Anlass* für ein maßgeschneidertes Training?

Wenn ja, fragen Sie ebenfalls nach, was bisher zu dem Thema passiert ist:

- Warum genau dieses Training jetzt?
- Was ist das Problem/das Thema/die Veränderung/ die Chance?
- Wie ist die Vorgeschichte? Welche bisherigen Lösungsversuche und Qualifizierungsmaßnahmen gab es?
- Inwieweit ist das Training mit anderen Maßnahmen zu koordinieren? (Teil eines umfangreicheren Qualifizierungsprozesses? Welche Prozesse und Instrumente des Unternehmens sind zu berücksichtigen?)
- Wer ist der Auftraggeber? Welche Interessen sind mit dem Auftrag verbunden? (Achtung: Es gibt zumeist offene und verdeckte Interessen.)

2. Schritt: Für welche Zielgruppe(n) soll das Training angeboten werden?

Klären Sie im Vorfeld möglichst umfassend Arbeitssituation, Bedarf und Vorwissen der Zielgruppe(n):

- Welche Vorkenntnisse und Erfahrungen haben die Teilnehmer in Bezug auf das Trainingsthema und in Bezug auf Trainings allgemein?
- Was sind die Arbeitsfelder und Aufgaben der Teilnehmer? Was sollte der Trainer über die konkrete Arbeitssituation/Unternehmenssituation, -organisation und -kultur der Teilnehmer wissen?
- Welche Ziele, Probleme und besonderen Herausforderungen haben diese Menschen in Bezug auf das Trainingsthema?
- Wie viele Teilnehmer sollen qualifiziert werden?
- Handelt es sich um eine freiwillige Teilnahme oder werden die Teilnehmer geschickt?
- Wie stehen die Teilnehmer zu dem Training?
- Welche Personenkreise haben darüber hinaus welche Interessen am Verlauf oder Ergebnis des Themas und sollten in der Planung oder Kommunikation Berücksichtigung finden?

3. Schritt: Welche Ziele sollen erreicht werden?

In der dritten Stufe geht es darum, zu definieren, was genau erreicht werden soll (Soll-Situation). Der Auftraggeber beginnt sein Anliegen oft mit vagen, übergeordneten Erwartungen wie „Wir müssen mal wieder etwas für das Vertriebsteam tun! ", „Wir brauchen ein Highlight für die nächste Saison" oder „Das Training soll den Netzwerkgedanken unter den Teilnehmern voranbringen". Diese Aussagen sind durchaus wichtig und bilden die sogenannten Hintergrunderwartungen ab: vor welchem Hintergrund oder in welchem Rahmen die Veranstaltung eingebettet werden soll und welche emotionalen Botschaften transportiert werden sollen. Sie haben jedoch weniger mit dem zugrunde liegenden Anliegen zu tun und könnten mit nahezu jedem belie-

Klären statt mutmaßen

bigen Thema verbunden werden. Oft verbirgt sich hinter diesen allgemeinen Aussagen das Ziel hinter dem Ziel. Vermuten Sie nicht, sondern fragen Sie direkt nach. Fragen Sie nach dem erwarteten Nutzen und dem Ziel hinter dem Ziel („Woran soll der Effekt des Trainings erkennbar sein?" oder „Woran können die Teilnehmer, deren Führungskräfte oder deren Kunden den Trainingserfolg erkennen?").

Vor diesem Hintergrund können Sie natürlich noch kein bedarfsgerechtes Training konzipieren. Im Vordergrund der Auftragsklärung und der Konzeption stehen die ganz konkreten thematischen Ziele. Diese können in unterschiedliche Zielarten eingeteilt werden:

Zielarten Was genau sollen die Teilnehmer nach der Schulung:
- *wissen* (rational-kognitive Lernziele)?
- *wollen* (motivationale und emotionale Lernziele)?
- *können* (aktionale Lernziele)?

Die Unterscheidung dieser Zielarten geht ursprünglich auf die Taxonomie des Lernens nach Bloom zurück. Sie ist hilfreich, denn es macht für die Trainingskonzeption im weiteren Verlauf einen großen Unterschied aus, ob die Teilnehmer nur etwas wissen sollen (rational-kognitive Ebene), eine bestimmte Haltung und Einstellung entwickeln sollen (motivational-emotionale Ebene) oder sogar etwas praktisch anwenden können (aktionale Ebene). Neuste Modelle zum Thema Führung können beispielsweise in einem kurzen Vortrag vermittelt werden. Dann *kennen* die Teilnehmer diese Theorien im Bereich der Führung. Das heißt aber noch nicht, dass sie diese Modelle auch *anwenden wollen*, geschweige denn *anwenden können*. Wenn dem Auftraggeber wichtig ist (was zumeist der Fall sein wird), dass seine Führungskräfte nicht nur Führungstheorien kennen, sondern zum Beispiel endlich delegieren und nicht immer alles selber machen, so muss in der Regel auch an dem Wollen, also an der Rolle und Haltung gearbeitet werden. Wenn der Nutzen deutlich wird und die neuen Kompetenzen in das Selbstbild integriert werden, erhöht sich die Bereitschaft, das erworbene Wissen auszuprobieren. Die Chance auf Verhaltensänderung steigt noch um ein Vielfaches, wenn im Trainingskontext bereits die Anwendung durch z. B. Fallübungen oder Rollenspiele trainiert wurde. (Siehe auch das Fallbeispiel von der Führungskraft Schmidt in Kapitel 2.4.)

4. Schritt: Wie soll die Umsetzung aussehen?

Finden Sie heraus, ob der Auftraggeber bereits *bestimmte Vorstellungen* hat, wie ein Thema umgesetzt werden soll:
▪ Sind bestimmte Inhalte, Modelle, Vorgehensweisen, Methoden und Rahmenbedingungen erwünscht?
▪ Ist der Einsatz bestimmter Verfahren ausgeschlossen?
▪ Oder ist der Weg zum Ziel frei wählbar?
▪ Welche Vor- und Nachbereitungsmaßnahmen wären denkbar?

Vereinbaren Sie die *Dauer* der Trainingsmaßnahme. Beraten Sie Ihren Auftraggeber, welche Ziele in welcher Tiefe mit wie vielen Personen in welchem Zeitraum realistisch erreicht werden können. Auftraggeber haben nicht immer eine realistische Vorstellung davon. Hier hilft es, auf die zuvor vereinbarten Ziele Bezug zu nehmen. Lerninhalte zu kennen benötigt in der Regel weniger Zeit, als Themen zu beherrschen.

Klären Sie noch die *organisatorischen Fragestellungen:* **Organisatorisches**
Wann und wo soll das Training stattfinden (inhouse, außerhalb)? **klären**
▪ Wie viele Personen sind pro Veranstaltung vorgesehen? Für reine Informationsveranstaltungen kann die Gruppe sehr groß sein. Wenn Kompetenzen trainiert werden sollen, ist in der Regel eine Gruppengröße von sechs bis zwölf Teilnehmern ideal.
▪ Wer übernimmt die Organisation wie Einladung der Teilnehmer, Raumbuchung und gegebenenfalls Hotelübernachtung?

■ Wie sollen Trainingsunterlagen und Trainingsdokumentation aussehen? Wer übernimmt die Produktion dieser Unterlagen? In Großunternehmen werden die Trainingsunterlagen oft nach bestimmten Richtlinien gestaltet und vor Ort produziert. Achten Sie unbedingt auf die Nennung des Copyrights und der Urheberrechte, die mit Ihrer Person oder Ihrem Unternehmen oder anderen Urhebern verbunden sind.

5. Schritt: Welche Rahmenbedingungen sind zu berücksichtigen?

Stimmen Sie mit Ihrem Auftraggeber ab, welche betrieblichen Vorgaben, internen Prozesse und Standards, Instrumente und gesetzlichen Vorgaben bezüglich des Trainingsthemas zu berücksichtigen sind. Wenn Sie zum Beispiel Präsentationstrainings für Firmen anbieten, dann ist es wichtig zu wissen, ob diese Firmen ein Corporate Design bezüglich der Gestaltung der Powerpoint-Folien haben und welche Gestaltungsgrundsätze dort festgelegt sind. Wenn Sie Führungskräftetrainings anbieten, dann sollten Sie z. B. wissen, ob das Unternehmen über ein definiertes Führungsleitbild und Führungsgrundsätze oder Ähnliches verfügt. Sie sollten auch wissen, welche Führungsinstrumente in welcher Form angewendet werden. Bei Vertriebstrainings sollten Sie die Vertriebsprozesse, die Vertriebsinstrumente, die Produkte, die Marktsituation und noch vieles mehr kennen. Besprechen Sie mit Ihrem Auftraggeber die für das Training relevanten Rahmenbedingungen und Standards und lassen Sie sich diese Informationen möglichst schriftlich zukommen.

6. Schritt: Abschluss

Vertragliches klären Klären Sie zum Abschluss des Gesprächs die vertraglichen Rahmenbedingungen wie z. B. das Konzeptions- und Trainingshonorar, die Übernahme der Reise- und Hotelkosten, der Kosten für Material und Handout. Stimmen Sie alle Aufwendungen unbedingt im Voraus mit Ihrem Auftraggeber ab. Vereinbaren Sie dann, wie es nach dem Auftragsgespräch weitergeht:

- Wann erhält der Auftraggeber das Angebot (Trainingsbeschreibung, eventuell das Trainingskonzept, vereinbarte Honorar- und Kostenerstattung)?
- Benötigen Sie noch Möglichkeiten zur Rücksprache vor dem Training?
- Wie erfolgen das Feedback und die Nachbesprechung mit dem Auftraggeber?

Hinweis: Weitere ausführliche Tipps zum Thema Auftragsklärung können Sie in meinem Buch „Erfolgreiche Konzepte. Eine Praxisanleitung in sechs Schritten" nachlesen.

Besondere Herausforderungen bei der Auftragsklärung

Aufträge haben manchmal eine lange Reise hinter sich, bevor sie ihr Ziel – also Sie – erreichen. Wenn beispielsweise die Personalentwicklung in Hamburg für das Vertriebsteam in Süddeutschland geeignete Entwicklungsmaßnahmen sucht, können Sie davon ausgehen, dass auf diesem Kommunikationsweg viele Informationen verloren gehen beziehungsweise nach dem Stille-Post-Prinzip verändert werden. Je direkter Sie mit den beteiligten Personen(-gruppen) sprechen können, desto besser werden Sie vorbereitet sein. Es ist sehr hilfreich, im Vorfeld direkt mit der Führungskraft, einer Auswahl an einzelnen Personen oder mit dem gesamten Team zu sprechen (bei Teamentwicklungsmaßnahmen unbedingt erforderlich). Sie erfahren dabei häufig ganz andere Perspektiven, Bedarfe und Themen als vom Auftraggeber. Darüber hinaus stellt das Vorgespräch eine gute Möglichkeit dar, die Teilnehmer auf das Training einzustimmen und eventuelle Vorbereitungen treffen zu lassen (z. B. das Sammeln von schwierigen Situationen).

Stille-Post-Prinzip

Alternativ oder zusätzlich kann mit der Einladung eine schriftliche Erwartungsabfrage oder Vorbereitungsaufgabe erfolgen (siehe Einladungs-Mail für das Präsentationstraining im Download-Teil III). So erzielen Sie eine gute Vorbereitung und Erwartungsabstimmung sowohl für die Teilnehmer als auch für sich selbst. Stimmen Sie diese Kontaktaufnahme jedoch unbedingt im Voraus mit Ihrem Auftraggeber ab.

Tipp: Bei maßgeschneiderten Trainings kann es sehr hilfreich sein, im Voraus mit den Teilnehmern in Kontakt zu kommen. Besonders wichtig wird dieser Schritt, wenn die Auftragsvergabe durch jemanden vorgenommen wird, der nicht direkt mit der Zielgruppe zu tun hat.

Vorbereitungsworkshops und Begleitung vor Ort Bei einem umfangreicheren Trainingskonzept wie z. B. einem Führungskräfteprogramm oder einem Vertriebsentwicklungskonzept empfiehlt sich zur Vorbereitung ein Workshop mit ausgewählten betroffenen Personen und deren Entscheidern. In diesem Rahmen können gegenwärtige und zukünftige Anforderungen an die Zielgruppe analysiert und Strategien für die Zukunft erarbeitet werden. In manchen Fällen kann eine Begleitung der Teilnehmer vor Ort in ihrer Arbeitssituation aufschlussreich und hilfreich sein. Einmal konnte ich eine Woche lang alle Vertriebsstationen eines internationalen Konzerns bei ihren diversen Kundenkontakten und Tätigkeiten begleiten. Daraus konnte ich dann sehr gezielt und passgenau Entwicklungsmaßnahmen ableiten und hatte zudem eine Fülle an Beispielen für Fallstudien und Rollenübungen direkt aus dem Arbeitsalltag der Teilnehmer.

Tipp: Je besser Sie die konkrete Arbeitssituation der Teilnehmer kennen und die zukünftigen Herausforderungen verstehen, desto konkreter werden Sie auf die Belange der Teilnehmer und des Unternehmens eingehen können.

Gerade bei den sogenannten Soft-Skill-Trainings (Kommunikation, Selbstmanagement, Führung, ...) verbergen sich hinter manchen Anfragen implizite oder sogar versteckte Aufträge. Der Auftrag lautet zum Beispiel zunächst: „Sorgen Sie für
eine bessere Kommunikation im Team." Gemeint ist aber möglicherweise, den neuen Teamleiter zu platzieren und zu stützen
oder ihm „eine letzte Chance" zu geben. Oder ein Auftraggeber möchte, dass das Personal bewertet oder reduziert wird, will
jedoch nicht den Unmut auf sich ziehen. So wird vordergrün-
dig eine Maßnahme zur Führungskräfteentwicklung bestellt.
Man vereinbart eine Trainingsreihe für Führungskräfte mit verschiedenen Modulen zum Selbstmanagement, zur Mitarbeiter-
und Teamführung. Die Termine sind gesetzt und dann lässt der
Auftraggeber plötzlich durchblicken, dass er vom Trainer eine
Einschätzung der Potenziale der einzelnen Teilnehmer erwartet, denn eigentlich stehe für das Unternehmen gerade das Thema „Nachfolgeplanung" an – unter der Hand versteht sich, man
wolle ja keine Pferde scheu machen.

Aufträge dieser Art sind höchst problematisch, weil sie – un-
geklärt – dazu führen, dass Sie den Erwartungen nicht gerecht
werden: weder denen des Auftraggebers noch denen der Teilnehmer noch Ihren eigenen. Wenn das Hauptanliegen des
Auftraggebers eine Potenzialeinschätzung und Auswahl seiner Führungs- und Führungsnachwuchskräfte ist, dann ist ein
Potenzialaudit die geeignete Methode. Hier werden Anforderungen an die zukünftige Führungsmannschaft definiert, systematisch Beobachtungssituationen gestaltet und sorgfältige
Einschätzungen der vorhandenen Kompetenzen vorgenommen.
Anders im Training: Hier werden Übungssituationen geschaffen, in denen die Teilnehmer sich frei und ohne Konkurrenz-
gedanken in einem geschützten Raum unter Anleitung und mit
Feedback ausprobieren sollen und neue Kompetenzen einüben
können. Das gelingt nur in Vertrauen und Vertraulichkeit. Demnach wird ein Trainer nur in Absprache mit den Teilnehmern
Informationen aus dem Training an Dritte weitergeben. Alles
andere torpediert das Vertrauen und das gewünschte Ergebnis.

Tipp: Klären Sie die Ziele hinter den Zielen und hinterfragen Sie präzise den erwarteten Nutzen! Klären Sie Rollenerwartungen genau ab. Verdeutlichen Sie Grenzen und sorgen Sie für Transparenz über Ziele, Erwartungen, Vorgehen und Rollen für alle Beteiligten!

Im Folgenden finden Sie die sechs Schritte zum Auftrag in einer Checkliste zusammengefasst.

Checkliste: In sechs Schritten zum Auftrag

1. Schritt: Wie kommt es zu dieser Anfrage?
▥ Sorgen Sie für ein umfassendes Verständnis der Ausgangssituation.

1.1 Bei angebotsorientierten Maßnahmen (Trainingskatalog)
▥ Wurden bereits gleiche oder ähnliche Trainings zu dem Thema durchgeführt?
▥ Mit welchen Ergebnissen?
▥ Welche Erwartungen gibt es an den (neuen) Anbieter?

1.2 Oder gibt es einen konkreten Anlass für ein maßgeschneidertes Training?
▥ Gibt es einen konkreten Anlass?
▥ Was ist das Problem/das Thema/die Veränderung/die Chance?
▥ Welche Vorgeschichte, bisherigen Lösungsversuche und bisherigen Qualifizierungsmaßnahmen gab es?
▥ Koordination mit anderen Maßnahmen, Prozessen und Instrumenten des Unternehmens usw.
▥ Wer ist der Auftraggeber?

2. Schritt: Für welche Zielgruppe(n) soll das Training angeboten werden?
▥ Vorkenntnisse und Erfahrungen in Bezug auf das Trainingsthema/in Bezug auf Trainings

- Arbeitsfelder und Aufgaben der Teilnehmer
- Ziele, Probleme und besondere Herausforderungen der Teilnehmer in Bezug auf das Trainingsthema
- Wie viele Teilnehmer? Ist die Teilnahme freiwillig oder obligatorisch?

3. Schritt: Welche Ziele sollen erreicht werden?
Was genau sollen die TN nach der Schulung:
- wissen (rational-kognitive Lernziele)?
- wollen (motivationale und emotionale Lernziele)?
- können (aktionale Lernziele)?

Prüfen Sie auch übergeordnete Ziele bzw. Hintergrunderwartungen. (Wozu sollen diese Ziele erreicht werden?)

4. Schritt: Wie soll die Umsetzung aussehen?
- Bestehen bestimmte Vorstellungen über Inhalte, Modelle, Vorgehensweisen, Methoden, Rahmenbedingungen?
- Dauer und Anzahl der Trainingsmaßnahmen?
- Klärung der Organisation: Termin, Ort (inhouse, außerhalb), Raumbuchung, Personen pro Veranstaltung, Trainingsunterlagen und Trainingsdokumentation

5. Schritt: Welche Rahmenbedingungen sind zu berücksichtigen?
- Welche betrieblichen Vorgaben, internen Prozesse und Instrumente und welche gesetzlichen Vorgaben sind zu berücksichtigen?

6. Schritt: Abschluss
- Vertragliche Rahmenbedingungen für den Trainer (Konzeptions- und Trainingshonorar, Erstattung der Reise- und Hotelkosten, Auslagen Handout)
- Möglichkeiten der Rücksprache vor dem Training
- Wie geht es nach dem Training weiter: Feedback, Nachbesprechung mit Auftraggeber

Trainingsbeschreibung

Die Auftragsklärung schließt mit einer Trainingsbeschreibung ab, die zunächst der Auftraggeber zur finalen Abstimmung und später die Teilnehmer erhalten.

Basierend auf den vereinbarten Zielen und Besonderheiten bringen Sie in der Trainingsbeschreibung in verständlichen und ansprechenden Sätzen auf den Punkt, was die Teilnehmer in dem Training erwartet. Der Auftraggeber kann so sehen, wie seine Anliegen umgesetzt werden. Und für die Teilnehmer ist es oft das Erste, was diese von Ihnen zu sehen bekommen. Die Trainingsbeschreibung dient zur ersten Information und Erwartungsbildung. Bei einer freiwilligen Teilnahme z. B. im Rahmen eines Trainingskatalogs ist sie meist sogar die einzige Entscheidungsgrundlage für oder gegen eine Seminaranmeldung. Die Trainingsbeschreibung ist somit eine wichtige Visitenkarte des Trainers und ein ernst zu nehmendes Marketinginstrument, welches im Unternehmen weiterverbreitet wird (Trainingskatalog, Einladungs-Mail an die Teilnehmer, Trainingsdatenbank der Personalentwicklung, ...).

Inhalte der Trainingsbeschreibung

Die Trainingsbeschreibung sollte eine Seite umfassen und enthält:

1. Trainingstitel

Die Trainingsbeschreibung ist die Visitenkarte für Ihr Training und oftmals der erste Kontakt, den die Teilnehmer zu Ihnen haben. Sie prägt die Erwartungen entscheidend. Gestalten Sie daher dieses Marketinginstrument einladend und aussagekräftig. Formulieren Sie einen prägnanten und ansprechenden Titel, der Aufmerksamkeit weckt und zum Weiterlesen einlädt. Untertitel können zusätzliche Informationen und Anregungen bieten.

2. Situationsbeschreibung

Manche Themen sind nahezu selbsterklärend und bedürfen keiner weiteren Einführung (z. B. Präsentationstraining). Andere Themen hingegen können eine Hinführung gut vertragen, weil das Gebiet entweder noch relativ unbekannt ist, sehr spezifisch ist oder sehr emotional aufgefasst werden kann. Holen Sie im Zweifelsfall lieber Ihre Teilnehmer in deren Situation, Zielen und Herausforderungen ab und sorgen Sie für einen kurzen, aber gelungenen Einstieg in das Thema.

3. Ziele und Nutzen
Benennen Sie die Ziele des Trainings und erläutern Sie, was die Teilnehmer davon haben, wenn Sie am Training teilnehmen. Zur Nutzenargumentation siehe auch Kapitel 3.3, Seite 82.

4. Inhalte
Listen Sie die Themen stichpunktartig auf. Wie Sie zu dieser Themenliste kommen, können Sie Kapitel 3.4 entnehmen.

5. Zielgruppe
Beschreiben Sie, für wen das Training konzipiert ist. Erläutern Sie gegebenenfalls Voraussetzungen für die Teilnahme. Darüber hinaus ist die Angabe einer Minimal- und Maximalgröße der Gruppe oftmals hilfreich und aussagekräftig.

6. Organisatorische Angaben
Soweit in dieser Phase bereits mit dem Auftraggeber festgelegt, können Sie folgende Angaben zur Organisation machen:
- Termin mit den Anfangs- und Endzeiten,
- Trainingsort mit Kontaktdaten und Anfahrtsskizze,
- Kosten pro Person mit Angabe über Mehrwertsteuer und Inklusiv-Leistungen wie z. B. Teilnehmer-Handout, Materialien, Getränke und gegebenenfalls Mittagessen und Pausensnacks, Übernachtung usw.

Alternativ beziehungsweise zusätzlich erfolgen diese Angaben in der Einladungs-Mail an die Teilnehmer.

Im Folgenden sehen Sie ein Beispiel für eine Trainingsbeschreibung.

Die erfolgreiche Präsentation

Wirksam und souverän vortragen

Wer in seiner Präsentation überzeugen möchte, muss seine Zuhörer „ins Boot holen" und begeistern. Dazu gehören – neben der fachlichen Kompetenz – ein klar strukturierter und spannender Aufbau, die persönliche Präsenz und der souveräne Umgang mit schwierigen Situationen.

In diesem Seminar lernen Sie, einen schlüssigen Aufbau für Vorträge und Präsentationen zu erarbeiten. Sie trainieren zielgruppengerechtes und inspirierendes Präsentieren und das professionelle Meistern auch schwieriger Situationen.

Inhalte: Die gelungene Präsentation
- Erfolgsfaktoren der Präsentation
- Vorbereitung einer Präsentation
- Zielsetzungen und Kernbotschaften

Persönlichkeit überzeugt
- Der Körper spricht mit: persönliche Stilmittel und ihre Wirkung
- Der erste Eindruck
- Umgang mit Lampenfieber und Redeängsten

Dramaturgie gestalten
- Aufbau und Struktur von Präsentationen
- Guter Einstieg – starker Schluss
- Roter Faden – Spannungsbogen
- Bedeutung und Regeln der Visualisierung
- Umgang mit Medien und Hilfsmitteln

Das Publikum überzeugen
- Zielgruppenanalyse
- Einbezug der Zuhörer
- Nutzenargumentation
- Souveräne Steuerung der Interaktion: Fragen und Einwände
- Umgang mit schwierigen Situationen und Personen

Werkzeuge und Transfer
- Checklisten, Tools
- Transferplanung

Zielgruppe: Führungskräfte und Mitarbeiter, die Präsentationen und Vorträge halten

Methoden: Die Inhalte werden modular sowohl theoretisch als auch praktisch erarbeitet. Um nah am Praxisalltag der Teilnehmer zu arbeiten, bringen die Teilnehmer eine Präsentation aus ihrer Berufspraxis mit, an der sie üben und das Erlernte anwenden können. Anhand von Videoaufnahmen und Feedback werden die eigene Vortragsweise und deren Wirkung reflektiert und Optimierungsmöglichkeiten erarbeitet und ausprobiert.

Trainingskonzept

In den meisten Fällen genügt den Auftraggebern die etwa einseitige Trainingsbeschreibung. Zunehmend werden jedoch auch Trainingskonzepte zur Einsicht und Abstimmung gefordert.

Das Trainingskonzept beinhaltet über die Trainingsbeschreibung hinaus,
- mit welchen Methoden und
- welchen Medien die Inhalte
- in welcher Zeit vermittelt werden sollen.

Wenn der Auftraggeber das Trainingskonzept einsehen möchte, sollten Sie dieser Aufforderung „mit Bedacht" nachkommen. Der Wunsch, einen genauen Einblick über Methodik und Didaktik und die zeitliche Gestaltung zu bekommen, ist sicherlich legitim und nachvollziehbar. Allerdings sind detaillierte Trainingskonzepte das Kapital jedes Trainers! Denn Konzeptentwicklung bedarf sehr viel Zeit, die Ihnen selten komplett vom Auftraggeber bezahlt wird. Für ein zweitägiges Training bekommen Sie in der Regel maximal einen Vorbereitungstag bezahlt. Wenn Sie sich neue Themengebiete oder Trainingsformen erschließen, werden Sie jedoch wesentlich mehr Zeit benötigen.

Tipp: Geben Sie vollständige Trainingskonzepte mit detaillierten Regieanweisungen, Fallstudien, Teilnehmerunterlagen usw. nur aus der Hand, wenn Sie einen entsprechenden Gegenwert dafür erhalten. In den meisten Fällen dürfte dem Auftraggeber ein Grobdesign mit einem zeitlichen Ablauf und Themenblöcken vollkommen genügen. Darüber hinaus ersparen Sie sich und dem Auftraggeber unnötige Detaildiskussionen über „Konzeptionsinterna" wie z. B., warum Sie wann welche Trainingsmethode einsetzen.

 Abbildung 4:
Trainingsbeschreibung am Beispiel Präsentationstraining

Nach der Auftragserteilung beginnen Sie mit der detaillierten Ausarbeitung des Trainingskonzepts. Lesen Sie dazu weiter in Kapitel 3.4.

3.3 Eigene Produktideen entwickeln

Selbst eine Idee entwickeln

Im vorherigen Kapitel wurde davon ausgegangen, dass jemand (Ihre Führungskraft, Ihr Kunde oder ein Kollege) einen Auftrag hat und an Sie heranträgt. Was ist aber, wenn Sie selbst eine Idee für ein neues Training entwickeln möchten?

Idee konkretisieren und verkaufen

Um in diesem Fall ein überzeugendes Konzept zu entwickeln, können Sie ebenfalls die im vorherigen Kapitel beschriebenen Schritte der Auftragsklärung zur Konkretisierung Ihrer Idee nutzen. Der hauptsächliche Unterschied liegt darin, dass im ersten Fall der Auftraggeber bereits einen Bedarf erkannt und formuliert hat, während im zweiten Sie den Bedarf erkennen und gegebenenfalls den Auftraggeber noch finden, unbedingt aber überzeugen müssen, dass hier ein Mehrwert geschaffen werden kann. Es ist also besonders wichtig, den Nutzen herauszuarbeiten und darzustellen.

Zielgruppe festlegen

Um das zu erreichen, überlegen Sie zunächst, wer Ihre Zielgruppe sein soll. Das mag auf der Hand liegen, wenn Sie ein Konzept innerhalb Ihres Unternehmens entwickeln. Wenn Sie jedoch ein Training auf dem Markt anbieten wollen, ist es sinnvoll, genau zu prüfen, wer Ihre Zielgruppe oder Ihr Auftraggeber sein soll. Dann erst können Sie Ihr Angebot wirklich passgenau maßschneidern.

Beispiel: Meine eigene Produktentwicklung „Erfolgreiche Konzepte"
Als Berater, Trainer und Coach lernt man viele Menschen und Unternehmen kennen. Ein Thema scheint nahezu universell und beharrlich an Mitarbeitern und Führungskräften zu nagen. Das Phänomen heißt „Machen Sie mal eben ..." *und kennt keine nationalen oder hierarchischen Grenzen. In großen Konzernen, in eigentümergeführten Firmen und im*

Mittelstand über alle Branchen und Ebenen hinweg kursieren kleinere und größere Aufträge dieser Art. Leider verlaufen 70 Prozent dieser Vorhaben im Sand. Mit jedem dahinsiechenden Konzept sinkt unausweichlich die Begeisterungsfähigkeit, Kreativität und Tatkraft der Beteiligten. Gelernt wird, dass Engagement und Innovation im Unternehmen nicht von Interesse sind.

Diese Erfahrungen und Beobachtungen habe ich vor einigen Jahren zum Anlass genommen, mich mit dem Thema intensiver zu beschäftigen. Zu diesem Zeitpunkt gab es kaum brauchbare Literatur, geschweige denn ein Konzept oder Training zu diesem Bereich. Ich war verblüfft, wie wissenschaftliche Studien meine Beobachtungen und Überlegungen belegen, und fand nützliche Hinweise zu dem Themenkomplex aus verschiedensten Fachrichtungen wie etwa der Hirnforschung, der Psychologie oder dem Journalismus. Die Idee zu einem Trainingsangebot war geboren. Ich entwickelte ein branchenübergreifendes Konzept und ein Training für Menschen, die Konzepte erstellen. Der Nutzen war schnell dargestellt: effektiverer Einsatz der Ressourcen, höhere Motivation und Leistungsfähigkeit der Mitarbeiter, Nutzung des Innovationspotenzials des Unternehmens und so weiter. Innerhalb kürzester Zeit wurde mein Angebot zu einem vollen Erfolg. Komplette Führungsmannschaften von Unternehmen haben sich bereits mit diesem Trainingskonzept von mir schulen lassen. Entwicklungsarbeit kann sich also lohnen!

Die im Folgenden dargestellten sechs Schritte werden Ihnen bei der Produkt- und Ideenentwicklung helfen. Eine zusammenfassende Checkliste finden Sie am Ende dieses Kapitels.

1. Für wen wollen Sie Ihr Training anbieten? Wer ist Ihre Zielgruppe?

Arbeiten Sie heraus, wen Sie ansprechen wollen. Wer soll Ihre Zielgruppe sein? Für wen wollen Sie Ihre Produkte oder Leistungen anbieten? In welcher Branche, für welche Berufsgruppen oder Abteilungen und für welche Ebenen (Mitarbeiter, mittleres oder Topmanagement) wollen Sie arbeiten?

Für potenzielle Auftraggeber ist der sogenannte Stallgeruch häufig ein Kaufargument. Wenn Sie sich in einer Branche oder Gruppe besonders gut auskennen und dort vielleicht selbst als Vertriebsmitarbeiter oder Führungskraft gearbeitet haben, verstehen Sie wahrscheinlich besonders gut, was diese Menschen bewegt und wie deren spezielle Themen und Herausforderungen im Arbeitsalltag aussehen. Dann werden Sie auch eine hohe Akzeptanz bei dieser Klientel finden.

Aus einem ganz anderen Bereich kommend Expertise anbieten

Oder kommen Sie vielleicht aus einem ganz anderen Bereich und können gerade aus dieser Perspektive einer Zielgruppe eine ganz bestimmte Expertise anbieten? So kann gerade ein Wirtschaftsexperte sozialen Einrichtungen durchaus nützliches Know-how vermitteln.

2. Welche Ziele, Bedarfe, Leidensdruckthemen liegen bei Ihrer Zielgruppe vor?

Konkrete Leistungsangebote können Sie aus einer intensiven Auseinandersetzung mit Ihrer Zielgruppe ableiten. Finden Sie heraus, welche Ziele, Werte, Bedarfe, welcher Leidensdruck, welche aktuellen Trends und Veränderungen dort vorliegen, zu denen Sie Leistungen anbieten können.

Giso Weyand unterscheidet in seinem Buch „Die 250 besten Checklisten für Berater, Trainer und Coachs" zwischen Bedürfnis, Bedarf und Leidensdruck. Ein Bedürfnis ist ein wahrgenommener Mangel. Es wird zum Bedarf, wenn über die Erkenntnis eines Bedürfnisses zusätzlich die Bereitschaft vorhanden ist, zur Bewältigung des Mangels Ressourcen (also in der Regel Geld) einzusetzen. Bei einem Leidensdruck sucht der Kunde bereits aktiv nach einer Lösung. Mit einem passenden Angebot sind Sie dann „für ihn wie der Wasserverkäufer in der Wüste". Vielleicht leidet der Kunde an keinem Mangel, aber Sie erkennen für ihn Risiken oder gar Chancen? Chancen bieten ebenfalls eine hervorragende Eintrittskarte für eine Zusammenarbeit.

Analysieren Sie auch Ihre eigenen Kompetenzen und Motivationen. Was sind Ihre Stärken? Welches sind Ihre erfolgreichsten Themen und Leistungsangebote? Was zeichnet diese aus? Was schätzen Ihre Kunden an Ihnen besonders? Vielleicht haben Sie ein besonderes Interesse oder persönliches Anliegen? Bei Herzensangelegenheiten entwickeln wir in hohem Maße Kompetenzen und unsere Überzeugungskraft ist allein schon deshalb unschlagbar, weil wir selbst von dem Thema von ganzem Herzen überzeugt sind. Dann kann eigentlich nichts mehr schiefgehen. Wie unschwer in dem oben genannten Beispiel der Entwicklung eines Konzepttrainings zu erkennen ist, gab es einen starken Motor für die Entwicklung dieses Themas: einerseits die frustrierenden Erfahrungen versandender Vorhaben und die damit einhergehende Demotivation und andererseits die hohe Bereitschaft zum Engagement von gut geführten Mitarbeitern. Um dieses Engagement freizusetzen, bedarf es gar nicht viel: Klarheit und Verbindlichkeit in der Auftragsklärung und Kompetenzen in der Konzeptgestaltung, Ideengenerierung und in der Kommunikation.

Herzensangelegenheiten sind unschlagbar

3. Was wollen Sie anbieten?

Was wollen Sie konkret anbieten? Wie können Sie den festgestellten Kundenbedarf am sinnvollsten und effektivsten bedienen? Denken Sie über einzelne Trainingsmaßnahmen hinaus und überlegen Sie, welche Maßnahmen geeignet sind, um dem Kunden zu helfen, seine Ziele zu erreichen. Im oben beschriebenen Beispiel biete ich zum Beispiel Beratung, Training und individuelles Coaching an. Das umfasst Modelle, Hintergründe und vor allem Handwerkszeug für die Konzepterstellung. Bei Firmentrainings empfehle ich folgendes Top-down-Vorgehen: Sinnvollerweise werden zunächst mit der Geschäftsführung Firmenstandards für die Konzeptstruktur und die Kommunikation vereinbart. Im nächsten Schritt werden die Mitglieder der obersten Führungsebene als Multiplikatoren ins Boot geholt. Dann erst werden diejenigen trainiert, die die Konzepte entwickeln

Top-down-Vorgehen empfehlenswert

sollen. Somit sind alle relevanten unternehmensinternen Kommunikationspartner (Auftraggeber, Auftragnehmer und die Führungsebene) informiert und aktiv involviert.

4. Was hat der Kunde davon?
Welchen Nutzen wollen Sie bieten?

Meistens reichen ein tolles Angebot und die eigene Begeisterungsfähigkeit nicht aus, um Kunden von Ihrem Produkt zu überzeugen. Letzen Endes möchte der Kunde wissen, was er von Ihrem Produkt hat.

Nutzen ist ausschlaggebend

Liefern Sie also Antworten auf die Frage, welchen Nutzen Sie für Ihre Kunden bieten. Nutzen beschreibt nicht nur, welche Vorteile Ihre Leistung hat, sondern übersetzt diese Vorteile zudem in einen direkten Gewinn für den Kunden. Mit der Fragestellung „Was hat der Kunde konkret davon, wenn er mein Angebot wahrnimmt?" kommen Sie zum Nutzen. Dieser Nutzen ist letzten Endes ausschlaggebend für die Entscheidung, ob der Kunde kauft oder nicht. Es läuft darauf hinaus, inwieweit für den Kunden Steigerungen in den folgenden Bereichen resultieren:

- Wirtschaftlichkeit (Umsatzsteigerung, Gewinnsteigerung, Kostenersparnis),
- Leistungsfähigkeit (Schnelligkeit, Innovationsfähigkeit, ...),
- Sicherheit,
- Image,
- Macht/Einfluss,
- Komfort/Bequemlichkeit.

Zielerreichung gesichert

Im Beispiel des Konzepttrainings bestehen die Vorteile in einer effektiveren und verbindlicheren Auftragsklärung und somit einer ressourcenschonenden, sicheren Zielerreichung. Als Nutzen resultiert daraus für die Mitarbeiter und Führungskräfte eine erhöhte Leistungsfähigkeit und für das Unternehmen – durch den effizienteren Einsatz seiner Ressourcen – eine erhöhte Wirtschaftlichkeit (Kostenersparnis, Innovationskraft, ...).

5. Wie belegen Sie, dass Sie diesen Nutzen bieten?

Die Nutzendarstellung aus der vorherigen Stufe ist ein starkes **Nutzen belegen** Argument. Noch stärker wird es, wenn Sie diesen Nutzen in sinnvoller Form belegen können. Vielleicht gibt es Studien zur Wirksamkeit der Einflussfaktoren? Vielleicht haben Sie oder andere bereits ein vergleichbares Vorgehen erfolgreich durchgeführt und können Ergebnisse oder Referenzen vorweisen? Mit etwas Recherchearbeit und Überlegung finden Sie sicherlich Antworten zu den folgenden Fragen und somit eine unterstützende Argumentation:

- Wie belegen Sie, dass Sie diesen Nutzen bieten?
- Welche Studien gibt es zu dem Themengebiet, die Ihre Vorgehensweise stützen?
- Welche Referenzen können Sie vorlegen?

6. Wie wollen Sie sich mit Ihrer Idee positionieren?

Der letzte Schritt besteht darin, eine Positionierungsstrategie für Ihr Trainingskonzept zu entwickeln. Wie soll sich Ihr Angebot von Wettbewerbern abheben? Warum soll der Kunde Ihr Angebot wählen? Entwickeln Sie also ein Angebot, welches sich im Markt auszeichnet und sich von möglichen Mitbewerbern unterscheidet. Positionieren können Sie sich grundsätzlich über die folgenden vier Bereiche: über die Zielgruppe, über das Thema, über die Methode und über Ihre Persönlichkeit.

Positionierung über die Zielgruppe	Sind Sie Experte für eine Zielgruppe? Haben Sie umfassende Erfahrungen mit bestimmten Branchen, Abteilungen, Hierarchieebenen oder Unternehmens- oder Menschentypen? Wenn Sie für diese Zielgruppe tätig sein wollen und aus den Augen dieser Personen glaubwürdig sind, stehen Ihre Chancen gut, sich als Experte für die Zielgruppe zu positionieren.
Positionierung über das Thema	Können Sie sich als Experte für ein bestimmtes Thema darstellen? Wenn ein großer Teil Ihrer Tätigkeit in diesem Bereich liegt, Sie auf dem aktuellen Stand der Erkenntnisse sind und eventuell sogar veröffentlicht oder Begriffe geprägt haben, haben Sie gute Chancen, als Experte für Ihr Thema wahrgenommen zu werden.
Positionierung über die Methode	Nutzen Sie bestimmte Methoden oder unterscheidet sich Ihre Anwendung einer Methode maßgeblich von anderen? Wenn die Einzigartigkeit und der Nutzen der Methode überzeugend darstellbar sind, können Sie sich über diesen Weg eine Marktnische erobern.
Positionierung über Ihre Persönlichkeit	Unterscheiden Sie sich in der Art der Leistungserbringung (durch Ihre Persönlichkeit, besonderen Service oder besondere Verfügbarkeit) von anderen Anbietern? Wenn für den Kunden ein Nutzen aufgrund dieser Merkmale deutlich wird, haben Sie die Möglichkeit, sich darüber zu positionieren.

Um diese strategischen Erfolgspositionen (Unique Selling Proposition – kurz USP – oder auch Alleinstellungsmerkmal genannt) zu entwickeln, bedarf es neben der Nabelschau einer Marktanalyse. Arbeiten Sie heraus, was Sie im Marktvergleich auszeichnen soll. Als Trainer für „Schnittkompetenz für Bonsaizüchter" haben Sie es diesbezüglich natürlich etwas einfacher, allerdings wird Ihre Zielgruppe vermutlich nicht besonders groß sein.

Sie werden nicht immer ein wirklich einzigartiges Merkmal herausarbeiten können. Das ist meist nur bei Innovationen wie komplett neuen Dienstleistungen und Produkten möglich. Und das dürfte im Trainingsbereich schwierig werden. Sie sollten dennoch keinen bunten Waldwiesenstrauß anbieten. Wichtiger ist es, eine prägnante Besonderheit Ihres Vorgehens herauszuarbeiten und zu verdeutlichen, welchen speziellen Nutzen der Kunde dadurch hat.

Haben Sie dann den Mut, diesen Nutzen in aller Radikalität umzusetzen. Dabei kann man sich hervorragend von anderen Branchen inspirieren lassen (Lean Management der Automobilindustrie, Baukastenidee der Möbelindustrie usw.). Anregungen zu dieser Art des Querdenkens finden Sie in Heike Kirchhoffs amüsantem Buch „Alles andere als artig". Weitere Tipps zur Positionierung und zur Inszenierung des eigenen Auftritts gibt Giso Weyand in seinem Buch „Die 250 besten Checklisten für Berater, Trainer und Coachs".

Sich von anderen Branchen inspirieren lassen

Wenn Sie sich als Trainer selbstständig machen möchten, benötigen Sie über gute Produktideen und Positionierungsideen hinaus ein komplettes Unternehmenskonzept inklusive eines Business-Cases. Für Unternehmensgründer finden Sie viele Tipps und Portale im Internet. Beginnen Sie Ihre Recherche bei dem Existenzgründerportal des Bundesministeriums für Wirtschaft und Technik (www.existenzgruender.de) und der Bundesagentur für Arbeit (www.arbeitsagentur.de).

Fazit: Sorgen Sie für eine saubere Auftrags- und Zielklärung, bevor Sie mit der Ausarbeitung Ihres Trainingskonzepts beginnen. Wenn Sie eine Idee ohne Auftraggeber entwickeln und positionieren möchten, machen Sie sich bewusst, dass möglicherweise nur Sie einen Handlungsbedarf erkannt haben. Hier sind also die folgenden Punkte besonders wichtig:
1. Bedarf oder Chance herausarbeiten,
2. Nutzenargumentation entwickeln,
3. Positionierungsstrategie wählen.

Checkliste für die Entwicklung Ihrer Ideen:
In sechs Stufen zur Zielklärung

1. Für wen wollen Sie Ihr Training anbieten? Wer ist Ihre Zielgruppe?
- Berufsgruppen
- Branche
- Hierarchieebenen

2. Welche Ziele, Bedarfe, Leidensdruckthemen und so weiter liegen bei ihrer Zielgruppe vor, zu denen Sie Leistungen anbieten können?
- Welche Ziele, Bedarfe, Leidensdruckthemen usw. liegen vor?
- Welches sind Ihre besonderen Interessen, Stärken und Erfahrungen, die Sie dort einsetzen können?

3. Was wollen Sie anbieten?
- Was konkret wollen Sie anbieten?
- Welche Trainings und weitere Leistungen sind geeignet, um den Bedarf zu bedienen?
- Wie können Sie dem Kunden helfen, seine Ziele zu erreichen?

4. Was hat der Kunde davon? Welchen Nutzen wollen Sie bieten?
- Wirtschaftlichkeit (Umsatzsteigerung, Gewinnsteigerung, Kostenersparnis)
- Leistungsfähigkeit
- Sicherheit
- Image
- Macht/Einfluss
- Bequemlichkeit

5. Wie belegen Sie, dass Sie diesen Nutzen bieten?
- Argumentation
- Studien über Wirksamkeit
- Referenzen

6. Entwickeln Sie eine Positionierungsstrategie
- Positionierung über das Thema
- Positionierung über die Zielgruppe
- Positionierung über die Methode
- Positionierung über Ihre Persönlichkeit

3.4 Fahrplan der Trainingskonzeption: Vom Ziel zum Trainingskonzept

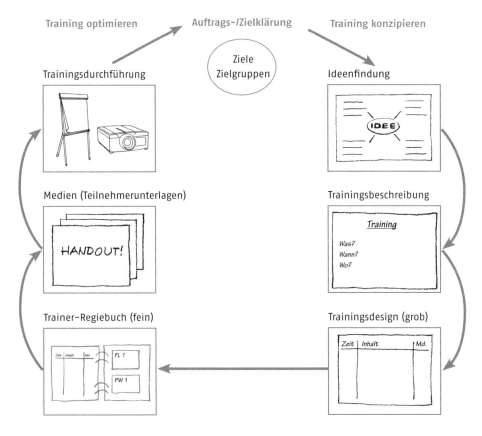

Abbildung 5: Der Konzeptionszyklus im Überblick

Nachdem das Ziel geklärt und die Zielgruppe und deren Arbeitssituation verstanden wurde, steigen wir nun ein in die Konzeption des Trainings. In sechs Schritten entwickeln Sie ein passge-
naues Trainingskonzept:

Fahrplan für Ihre Trainingskonzeption:
1. Schritt: Von den Zielen zu den Inhalten
2. Schritt: Von den Inhalten zu den Trainings-Modulen /
   zum Trainingsdesign
3. Schritt: Vom Trainingsdesign zum Regiebuch des Trainers
4. Schritt: Trainingsvorbereitung
5. Schritt: Trainingsdurchführung
6. Schritt: Erfolgskontrolle

1. Schritt: Von den Zielen zu den Inhalten

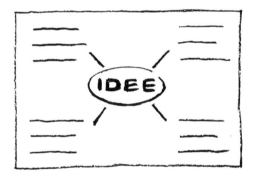

Abbildung 6: Ideen sammeln und auswählen

Ideen sammeln Ausgehend von den in der Auftragsklärung herausgearbeiteten
Zielen und der Arbeitssituation der Teilnehmer sammeln Sie zunächst ohne Bewertung Themen, Ideen und Informationsquellen unter der Fragestellung: Welche Inhalte sind für die Ziele
und die Zielgruppe wichtig?

Sicherlich verfügen Sie aufgrund Ihrer Fachexpertise bereits über viel Material zu dem infrage stehenden Thema. Überlegen Sie, was Ihre Kernbotschaften dazu sein sollen. Welche Botschaften, Einstellungen, Handwerkszeuge sollen die Teilnehmer unbedingt mitnehmen? Behalten Sie während der Konzeptionsarbeit diesen Fokus im Auge, damit Sie sich nicht in Details verlieren.

Für die lebendige und topaktuelle Vermittlung benötigen Sie außerdem aktuelle Bezüge und neuste Forschungsergebnisse und möglicherweise noch Anekdoten, Geschichten, Zitate und Kurioses. Nutzen Sie daher für Ihre Sammlungsphase unterschiedliche Quellen. Folgende Informationsquellen kommen für Ihre Recherche infrage:

- der eigene Tätigkeitsbereich,
- das Unternehmen (Intranet, Know-how-Träger),
- die Betroffenen / die Zielgruppe,
- das eigene Netzwerk,
- Experten,
- öffentliche Quellen wie das Internet, Fachliteratur, Verbands-, Vereins- oder IHK-Informationen,
- informelle Quellen wie Internetblogs, -foren oder -communities.

Tipp: Nutzen Sie immer mehrere Informationsquellen. Vielfältige Quellen beugen einer einseitigen Perspektive vor. Damit diese Informationen handhabbar und übersichtlich bleiben, dokumentieren Sie Ihre Ergebnisse sofort an einem abgegrenzten Ort (digitale Ordner oder klar strukturierte Aktenordner).

Um sich einen Überblick über mögliche Inhalte zu verschaffen und zu einer ersten Strukturierung zu kommen, hat sich die Methode des Brainstormings bewährt. Sie können alle Themen auf Karten schreiben und auf einer großen Pinnwand sammeln. Anschließend werden die Karten thematisch gruppiert (sogenann-

Kreativmethoden nutzen

tes Clustern aus der Moderationsmethode). Wer keine Pinnwand zur Hand hat, kann stattdessen Klebezettel (Post-its) und
einen großen Bogen Papier verwenden.

Eine andere Methode des Brainstormings ist das Mindmapping.

 Tipp: Während der Konzeption platzieren Sie die Themenland-
schaft immer gut sichtbar an der Wand, sodass Sie sich jederzeit
einen Überblick verschaffen und neu hinzukommende Aspekte
einfügen können.

Exkurs: Mindmap

Diese von dem Psychologen Tony Buzan entwickelte Methode zur Ideenfindung und Sammlung ist schnell erklärt:
Man nimmt ein Blatt Papier, bevorzugt im Querformat. In
der Mitte wird das zentrale Thema möglichst genau formuliert und/oder als Bild dargestellt. Davon ausgehend werden die Hauptthemen abgeleitet. Pro Linie wird jeweils ein
Schlüsselbegriff verwendet. Daran schließen sich in dün-
ner werdenden Zweigen die zweite und dritte sowie weitere Gedankenebenen (Unterkapitel) an. Somit gehören
Mindmaps zu den beschrifteten Baumdiagrammen. Die Methode eignet sich hervorragend für die individuelle Sammlung und erste Organisation von Themen zur Vorbereitung
von Trainings oder Präsentationen. Darüber hinaus lässt sie
sich gut im Training zur gemeinsamen Sammlung und Dokumentation (z. B. Erwartungen, Probleme, Lösungsansätze
usw.) am Flipchart oder der Pinnwand einsetzen.

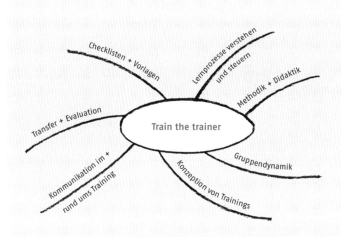

Abbildung 7: Mindmap am Beispiel „Training für den Trainer"

Im Ergebnis entstehen die oben dargestellten Gedanken-
karten – oder Mindmaps. Diese Methode ist weit verbreitet
und – so einfach, wie sie ist – von vielen konzeptionell
arbeitenden Menschen und Unternehmen hoch geschätzt.
Sie ist eine der wenigen Visualisierungstechniken, die
zur Ideensammlung bei gleichzeitiger Strukturierung eines
Themengebietes genutzt werden können – Tätigkeiten
unseres Gehirns, die sich normalerweise gegenseitig
blockieren.

Für diejenigen, die digitales Arbeiten bevorzugen, gibt es
zum Einsatz von Mindmaps am Computer kommerzielle
Software (Mindmanager) und freie Anwendungsprogramme
(z. B. Freemind).

Haben Sie nun genug Ideen gesammelt? In der Regel werden Sie mehr Inhalte haben, als Sie in der begrenzten Trainingszeit vermitteln können. Daher muss jetzt sortiert und vor allem aussortiert werden. Bilden Sie Themenblöcke für Ihr Training. Hierzu eignen sich häufig schon die in der Mindmap oder der Clustermethode geordneten Inhaltsgruppen.

Didaktische statt fachtheoretische Reihenfolge Bringen Sie nun diese Trainingsthemen in eine didaktisch sinnvolle Reihenfolge. Beherzigen Sie die in Kapitel 1 dargestellten Lernprinzipien und bauen Sie die Inhalte so auf, dass diese sich möglichst nah auf die Erfahrungswelt Ihrer Teilnehmer beziehen. Statt einer Fachsystematik ist eine Systematik zu bevorzugen, die am Verständnis oder an der Arbeitsweise der Teilnehmer anknüpft. Überspringen Sie daher die theoretische Einordnung des Themas und beginnen Sie stattdessen mit dem, was die Teilnehmer erleben. Gute Einstiegsmöglichkeiten bilden z. B. die typischen Stolpersteine eines Themas oder die gemeinsame Erarbeitung der Erfolgsfaktoren eines Bereichs (siehe Trainingsbeschreibung Präsentation im Download) und der Nutzen der zu trainierenden Kompetenzen.

Tipp: Versetzen Sie sich bei diesen Überlegungen immer wieder in die Position Ihrer Teilnehmer. Was wissen diese bereits zu den Trainingsinhalten und wie werden sie diese Inhalte später anwenden? Bauen Sie stets auf vorhandenen Erfahrungen auf und stellen Sie jederzeit einen Bezug zur Arbeitssituation Ihrer Teilnehmer her. Lassen Sie die Teilnehmer die Trainingsthemen möglichst aktiv erleben und ausprobieren.

Training dramaturgisch aufbauen Als Trainer sind Sie übrigens immer auch Dramaturg. Sie können Ihr Werk zusammenhangslos, ideenlos und langweilig gestalten oder eben spannend aufbauen. Wollen Sie Ihr Publikum fesseln, dann lassen Sie sich am besten vom Theater oder Film inspirieren, denn hier sind die Profis anzutreffen. Hier werden nicht nur Geschichten erzählt, sondern auch Spannungsbögen aufgebaut. Das zentrale Gestaltungselement in der Dramaturgie ist die Unterteilung in deutliche Sinnabschnitte mit drei oder fünf Akten. Die Dreigliederung beginnt mit einer Einleitung (Exposition), baut sich mit einer aufsteigenden Handlung zu einem Höhepunkt auf, um dann mit einem den Bogen schließenden Ende auszuklingen. Bei fünf Akten geht es über einen retardierenden Abschnitt (Spannung wird noch einmal gehalten beziehungsweise noch einmal aufgebaut) zum Schlussakt über.

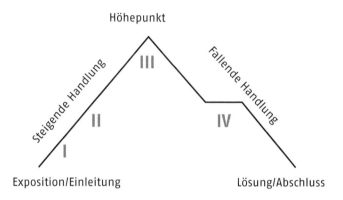

Abbildung 8: Spannungsaufbau gestalten – Dramaturgie in fünf Akten

Wie kann so ein Spannungsbogen für den Trainingsablauf genau aussehen? Nehmen wir als Beispiel das Präsentationstraining, das diesem Buch als Mustertraining in Teil III als Download beigefügt ist. In diesem Training führe ich in das Thema Präsentation ein, indem ich mit den Teilnehmern Faktoren sammle, welche eine Präsentation aus ihrer Sicht erfolgreich machen. Aus diesen persönlichen Erfahrungen erarbeite ich im Plenum ein Präsentationsmodell, welches zur Vorbereitung, Durchführung und Nachbereitung von Präsentationen dient und uns durch das ganze Training begleitet. So wird zunächst ein Überblick über alle Facetten des Themas gegeben und Neugierde auf das Kommende geweckt.

Was macht eine Präsentation erfolgreich?

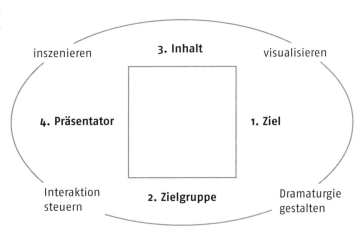

inszenieren   **3. Inhalt**   visualisieren

4. Präsentator   **1. Ziel**

Interaktion steuern   **2. Zielgruppe**   Dramaturgie gestalten

Abbildung 9: Präsentationsmodell

Spannungsbogen pro Modul

Schritt für Schritt wird jeweils einer dieser Erfolgsfaktoren erarbeitet. Jedes Modul beinhaltet somit ein in sich geschlossenes Lernthema und schließt mit einer Präsentationsübung ab. Ein Teilnehmer präsentiert einen etwa zehnminütigen Ausschnitt aus seiner mitgebrachten Präsentation. Reflexions- und Feedback-Fokus ist der zuvor erarbeitete Themenkomplex (im ersten Modul: Zielorientierung). Die Teilnehmerpräsentation leitet dann zum nächsten Modul mit dem nächsten Erfolgsfaktor (Zielgruppenorientierung) über. Auch hier werden zunächst theoretische Grundlagen geschaffen, bevor das Thema anhand der zweiten Teilnehmerpräsentation praktisch erprobt und betrachtet wird. Feedback-Fokus sind nun die beiden bereits erarbeiteten Erfolgsfaktoren. In diesem Sinne wechseln sich Theorie und Praxis mit echten Präsentationen aus dem Arbeitsleben der Teilnehmer ab. Dieser Aufbau sorgt pro Modul für fokussierte Aufmerksamkeit und einen Spannungsbogen.

Die pro Modul sukzessiv ansteigende Komplexität der Betrachtungs-Foki und die wachsende Einbindung der Teilnehmer (jeder übernimmt einen Feedback-Fokus, der mit jedem Modul wechselt) sorgen für einen Spannungsbogen über den gesamten Trainingsablauf. Dieser erfährt seinen Höhepunkt, wenn das Thema „Umgang mit Fragen und Einwänden" erörtert und in den Präsentationen aktiv geübt wird. Denn das ist immer das spannendste Thema für die Teilnehmer und durch die lebhafte Interaktion der lebendigste Abschnitt im Training. Mit den anschließenden Modulen „Visualisierung" und „Medieneinsatz" wird die Spannung langsam abgebaut und kann mit dem Modul „Umgang mit Störungen und schwierigen Teilnehmern" dann noch einen letzten Höhepunkt erfahren.

Spannungsbogen über den Gesamtablauf

Ein analoger Aufbau mit sukzessiv steigender Komplexität und Interaktion ist natürlich für nahezu alle Trainingsthemen in den Bereichen Kommunikations- und Führungskompetenzen denkbar. Lassen Sie sich von diesem Beispiel inspirieren und adaptieren Sie Brauchbares. So halten Sie Ihre Teilnehmer präsent, fokussiert und in Atem.

Tipp: Ihre Rolle als Dramaturg und die Inszenierung Ihres Werkes beginnt übrigens bei der Vorbereitung der Inhalte und endet, wenn der Vorhang im Training fällt oder im Abschlussgespräch mit dem Auftraggeber.

Nachdem Sie für Ihre Trainingsinhalte einen schlüssigen Aufbau gefunden haben, brauchen Sie diese nur noch in eine übersichtliche und ansprechende Form zu bringen. Diese Trainingsbeschreibung können Sie Ihren Kunden zur Verfügung stellen (Inhalte der Trainingsbeschreibung siehe Kapitel 3.2).

2. Schritt: Von den Inhalten zu den Trainings-
modulen / zum Trainingsdesign

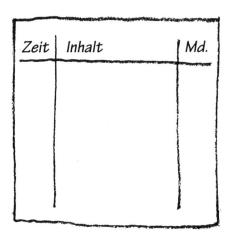

Abbildung 10: Methoden entwickeln und Ablauf festlegen

Im nächsten Schritt gilt es nun festzulegen, wie Sie die ausgewählten Inhalte zu den Teilnehmern transportieren möchten.
Eine Präsentation der Inhalte mithilfe von Powerpoint-Folien
wäre sicherlich der kürzeste Weg, um schnell viele Informationen zu vermitteln. Aber wie viel Stoff würden sich die Teilnehmer dann merken? Und könnten diese ihr Wissen anwenden
und nutzen? Wie lang hätten Sie überhaupt wache und aufnah-
mefähige Teilnehmer vor sich sitzen? Wie bereits in den vorherigen Kapiteln erörtert, ist in der Regel nach 20 Minuten Folien-
schlacht die Aufnahmekapazität erschöpft. Damit Ihr Training
interessant und abwechslungsreich wird und Sie sowohl die
Teilnehmer als auch die gesteckten Trainingsziele erreichen,
können Sie nun aus den in Kapitel 2.2 dargestellten Bausteinen
gezielt die geeignetsten Methoden auswählen.

Lassen Sie sich bei der Auswahl der Methoden von folgender Fragestellung leiten: Mit welchen Methoden können der Zielgrup-

pe die Inhalte optimal vermittelt werden? Dafür, was „optimal"
ist, gibt es in Kapitel 2 viele verschiedene Hinweise. Berücksichtigen Sie vor allem die folgenden drei Gestaltungsprinzipien:

- ▦ *Methodenmix:* Achten Sie auf einen Methodenmix. Dadurch **Gestaltungs-**
  halten Sie das Interesse und die Aufmerksamkeit der Teilneh- **prinzipien**
  mer hoch und sprechen die unterschiedlichen Lernpräferen-
  zen an.
- ▦ *Teilnehmerbeteiligung:* Beteiligen Sie die Teilnehmer so viel und
  so intensiv wie möglich an der Erarbeitung der Inhalte. Das
  sorgt für eine höhere Verarbeitungstiefe und somit für eine
  bessere Behaltensleistung. Der Clou ist, dass die Teilnehmer
  so schon während des Trainings den Stoff optimal auf ihre
  Arbeitssituation anpassen.
- ▦ *Zielorientierung:* Das wichtigste Kriterium für die Auswahl der
  Methode ist selbstverständlich das Ziel. Wenn die Teilnehmer bestimmte Inhalte nur kennen sollen, so können diese
  mittels eines Vortrags transportiert werden. Wenn sie Inhalte
  können sollen, müssen diese bereits im Training erprobt und
  trainiert werden, sodass der Trainer neben Informations-In-
  put auch Übungssequenzen einplanen wird.

Tipp: In den meisten Trainings geht es darum, neues Verhalten
zu entwickeln. Je höher die Teilnehmeraktivierung im Training
ist, je mehr Teilnehmer also an ihrer Einstellung und Haltung
arbeiten und neue Verhaltensweisen ausprobieren, umso hö-
her ist die Chance, dass diese auch im Alltag angewendet wer- **Teilnehmer zu**
den. Bedenken Sie, dass Sie letztes Endes genau daran gemes- **Akteuren machen**
sen werden. Machen Sie also die Teilnehmer bereits im Training
zu Akteuren.

Ein Trainingsdesign setzt sich in der Regel aus thematisch abgegrenzten Lerninhalten – den sogenannten Trainingsmodulen
– zusammen. Pro Modul können Sie etwa 30 bis 120 Minuten
veranschlagen. Ein Beispiel für ein Trainingsmodul zum Thema
Feedback finden Sie in Kapitel 2.3.

Elemente eines Trainingsmoduls

Ein Trainingsmodul beinhaltet:

- Ziel des Moduls,
- Zeiteinteilung,
- Inhalte,
- Methoden.

Pro Trainingstag können Sie zwei bis vier Module veranschlagen. Im Folgenden sehen Sie eine Blankovorlage für ein Trainingsdesign, welches Sie im Teil III als editierbare Vorlage herunterladen können.

Trainingsdesign (Mustervorlage)

Ziel(e) der Veranstaltung:	▪ ▪ ▪ ▪
Teilnehmer/ Durchführung:	12 TN
Dauer:	1. Tag: 09.00 – 17.00
Termin:	
Ort:	
Vorbereitung:	Handouts, Broschüren Namensschilder Moderationskoffer
Wie es nach der Veranstaltung weitergeht:	Informations– und Unterstützungsangebote
Eingesetzte Medien:	1 × 2 × Moderationsmaterial Beamer und Präsentation Handout
Material:	

Zeit	Inhalt	Medien
1. Tag		
09:00–09:30	**Begrüßung/Ziele/Ablauforientierung** Ziel: ▪ Seminarziele ▪ Orientierung/Trainingsablauf ▪ Inhaltliche/thematische Schwerpunkte des Trainings Inhalte/TI: ▪ Begrüßung ▪ Vorstellung des Trainers ▪ Organisatorischer Rahmen ▪ Trainingszeiten, Pausen ▪ Präsentation der Agenda, Themenschwerpunkte, Vorgehensweise Einstimmung auf das Thema (LG)	FC 1 FC 2 FC 3 F 1

09:30–10:00	**Vorstellung: Einstimmung/Erwartungen**
	
	Ziel: TN lernen sich kennen und reflektieren ihren Lernbedarf
	
	Kennenlernen und Erwartungen (LG)
	FC: – Name
	    – Persönliches
	    – Meine Erfahrungen mit Thema …
	    – Meine Erwartungen in Bezug auf das Training …
		FC 4

10:00–11:00	**Einstieg in das Thema** **Themenschwerpunkt 1**	PW 1
11:00–11:15	Pause	
11:15–12:45	**Themenschwerpunkt 2**	
12:45–13:45	Mittagspause	
13:45–15:15	**Themenschwerpunkt 3**	
15:15–15:30	Pause	
15:30–16:30	**Themenschwerpunkt 4**	

Zeit	Inhalt	Medien
16:30–17:00	Abschluss	
	Zusammenfassung Offene Fragen Feedback-Runde Beurteilungsbögen	
	Hinweis zu den Abkürzungen: Eine Übersicht über die Methoden und deren Abkürzungen finden Sie in Kapitel 2.2. Eine Übersicht über die Medien finden Sie im Präsentationshandout im Kapitel 6 (Medien in der Präsentation). Hier wurde verwendet: TI – Trainer-Input LG – Lehrgespräch FC – Flipchart F – Folie PW – Pinnwand	

Konzipieren Sie sowohl das gesamte Training als auch die einzelnen Trainingsmodule, indem Sie einen motivierenden Einstieg finden, dann die Lerninhalte vermitteln und abschließend vertiefen, das heißt wiederholen, ausprobieren, reflektieren. Sehen Sie sich dazu das MASTER-Modell Accelerated Learning in Kapitel 2.1 an. Beachten Sie auch die dortigen Tipps zur Einteilung der Zeit und der Informationsmenge.

Schenken Sie dem Einstieg und dem Abschluss besondere Beachtung. Gestalten Sie wie ein Regisseur den Spannungsbogen vom Ankommen der Personen im Thema und im Raum bis hin zum letzten Akt: dem Ausblick und der Verabschiedung.

Modul Trainingseinstieg:

Am Anfang kommen die Teilnehmer mit Erwartungen und Unsicherheiten und dem Bedürfnis nach Orientierung ins Training. Bestandteile des Anfangsmoduls sind:
- Begrüßung, Organisatorisches,
- Ziele, inhaltliche Orientierung, inhaltlicher und zeitlicher Ablauf,
- Kennenlernen und Erwartungen (bei Persönlichkeitsentwicklunstrainings sollten die Kennenlernrunden natürlich intensiver ausfallen als bei einem IT- oder Fachtraining),
- Arbeitsweise, gegebenenfalls Vereinbarung von Spielregeln,
- Hinführung zum Thema,
- Kernbotschaft zum Thema: Was sollen die Teilnehmer mitnehmen?

Modul Trainingsabschluss:

Zum Trainingsende beschäftigen sich die Teilnehmer mit der Frage: Was hat es mir gebracht? Unterstützen Sie die Konsolidierung der Erfahrungen und den Transfer in den Alltag. Bestandteile des Abschlussmoduls sind daher:
- Fazit (Kernbotschaften wieder aufgreifen),
- offene Fragen, Rückschau und Reflexion,
- Ausblick und Transfer,
- Feedback und Verabschiedung.

Das Resultat des zweiten Schrittes im Konzeptionszyklus ist ein aus Modulen aufgebautes Trainingsdesign mit einem mehr oder weniger detaillierten Zeitplan und mehr oder weniger genauen Anweisungen für Sie selbst. Das in Kapitel 2.3 dargestellte Modul zum Thema Feedback enthält ausführlichere Anweisungen weitgehend im Fließtextformat. Dies hat den Vorteil, dass dieses Modul nahezu vom Blatt direkt abgesungen beziehungsweise trainiert werden kann. Der Nachteil besteht darin, dass ausformulierte Texte in der Produktion sehr viel Zeit benötigen und – wichtiger noch – zum Ablesen einladen. Daher empfiehlt sich eher eine stichwortartige Darstellung der Themen, sodass Sie leichter den roten Faden im Blick behalten. Sie werden dann im Training freier formulieren, was Ihnen zu mehr Lebendigkeit und Teilnehmernähe verhilft. Als Beispiel für ein stichwortartiges Trainermanuskript dient Ihnen das Trainerregiebuch für das Präsentationstraining im Teil III (Download).

Wesentliche Schritte schriftlich festhalten Wie fein Sie planen und schreiben wollen, entscheiden Sie selbst. Die wesentlichen Schritte, Methoden, ausformulierte Fragestellungen und mögliche Ergebnisse sollten Sie jedoch in Ihrem Trainingsdesign oder auf Modulkarten festhalten. Wie viel Zeit Sie genau für die einzelnen Schritte benötigen werden, lässt sich zwar planen und weitgehend im Training steuern, dennoch kann der Informations- und Diskussionsbedarf der Trainingsgruppen sehr unterschiedlich sein. Achten Sie bei der Zeitplanung also unbedingt darauf, dass Sie sowohl genügend Pufferzeiten für Unvorhergesehenes einplanen als auch Back-up-Material und Back-up-Bausteine für sehr schnelle Gruppen oder ergänzende Fragestellungen parat haben.

Tipp: Der Konzeptionsaufwand lohnt sich. Gut konzipierte Module sind wiederverwendbar und lassen sich häufig auf ähnliche Trainingsthemen übertragen.

3. Schritt: Vom Trainingsdesign zum Regiebuch des Trainers

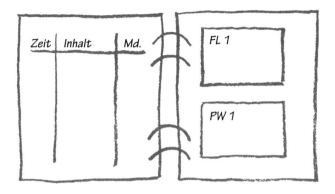

Abbildung 11: Trainer-Regiebuch – das Training inszenieren

In den vorherigen Abschnitten haben wir die zentrale Bedeutung der visuellen Darbietung von Informationen für Lernprozesse gesehen. Im Training sollten daher alle wichtigen Informationen visuell dargestellt werden. Dazu gehören:

▨ wichtigster Input zum Thema,
▨ Arbeitsmodelle,
▨ komplexe Zusammenhänge,
▨ Arbeitsaufträge für die Gruppe,
▨ Abläufe, Agenden,
▨ Arbeitsergebnisse usw.

Zur Vervollständigung des Trainingsdesigns zum kompletten Regiebuch wird nun die rechte Spalte „Medien" gefüllt. Überlegen Sie, mit welchen Medien die Inhalte optimal erarbeitet oder vermittelt werden können. Prüfen Sie vorab, welche Medien Ihnen im Trainingsraum zur Verfügung stehen werden. Man unterscheidet Nahmedien, die die Teilnehmer mit nach Hause nehmen können, und Fernmedien, anhand derer im Plenum Inhalte gemeinsam erarbeitet werden:

- Nahmedien: Teilnehmerunterlagen, Broschüren, Flyer, Infomaterial, ...
- Fernmedien: Beamer, Flipchart, Tafel, Whiteboard, Pinnwand, ...

Nahmedien Das ausführlichste Medium wird in der Regel die *Teilnehmerunterlage* (das Handout, kurz HO) sein, in der alle Informationen wie in einem Lehrbuch zusammengefasst sind. Sie ist meist als Fließtext verfasst (siehe Präsentationshandout im Download) oder beinhaltet die im Training gezeigten Powerpoint-Folien. Folien können entweder als Gesamtfolienansicht oder in der Notizseitenansicht ausgedruckt werden, sodass die Teilnehmer im Training gleich ihre Notizen zu den gezeigten Folien ergänzen können. In die Teilnehmerunterlage können Sie zusätzlich Arbeitsbögen, Checklisten, Vorlagen und Beispiele sowie Notizseiten integrieren.

Damit die Teilnehmer in ihrem Arbeitsalltag schnell die Kerninformationen zur Hand haben, können Sie auch Checklisten und Arbeitsmodelle separat zu Verfügung stellen. Sie können diese in handlichem Format ausdrucken und laminieren oder digital verfügbar machen.

Fernmedien Mit den sogenannten Fernmedien inszenieren Sie Ihre Lerninhalte. Folien und Flipcharts müssen nicht selbsterklärend gestaltet sein. Sie als Person sind dazu da, um durch die Themen zu führen und Erläuterungen abzugeben. Damit Ihre Visualisierungen Ihnen nicht die Show stehlen, sondern Sie unterstützen, gilt es, Interferenz mit Ihren Ausführungen zu vermeiden. Gestalten Sie diese Medien daher plakativ, die Darstellungen sollten auf einen Blick wahrnehmbar sein, in Stichworten formuliert und von allen Sitzplätzen gut lesbar.

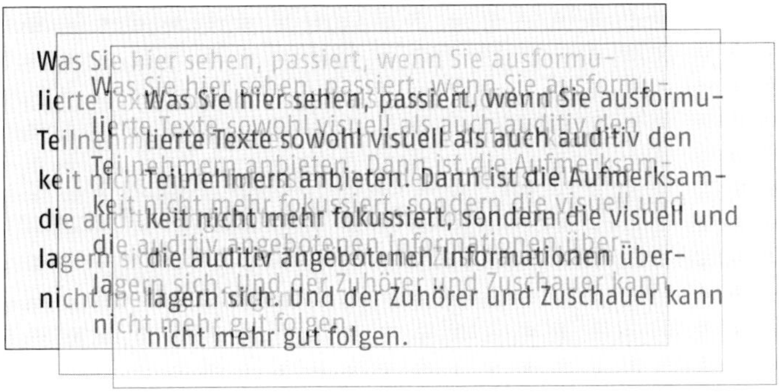

Was Sie hier sehen, passiert, wenn Sie ausformulierte Texte sowohl visuell als auch auditiv den
Teilnehmern anbieten. Dann ist die Aufmerksamkeit nicht mehr fokussiert, sondern die visuell und
die auditiv angebotenen Informationen überlagern sich. Und der Zuhörer und Zuschauer kann
nicht mehr gut folgen.

Abbildung 12: Informationen überlagern sich

Konnten Sie die Botschaft erkennen? Falls nicht, so können Sie
sie hier noch einmal lesen:

Was Sie hier sehen, passiert, wenn Sie ausformulierte Texte sowohl visuell als auch auditiv den
Teilnehmern anbieten. Dann ist die Aufmerksamkeit nicht mehr fokussiert, sondern die visuell und
die auditiv angebotenen Informationen überlagern sich. Und der Zuhörer und Zuschauer kann
nicht mehr gut folgen.

Abbildung 13: Und hier die ursprüngliche Information

Der Beamer

Das am häufigsten genutzte Fernmedium ist der *Beamer*. Mit
dem Beamer projizieren Sie vorbereitete Folien (F) auf eine Projektionsfläche. Die Beamerprojektion eignet sich besonders für
Präsentationen vor vielen Teilnehmern (bis etwa 200 Personen).
Die Folien werden vor der Präsentation mit Powerpoint, zum
Teil auch mit einer Mindmapsoftware erstellt. In letzterem Fall
können Visualisierungen auch situativ während der Präsen-

tation entwickelt werden. Die Vorteile vorbereiteter Folien liegen auf der Hand: Die Präsentation lässt sich in Ruhe vorab erstellen, daher kann der Trainer in der Informationsdarstellung seine volle Aufmerksamkeit den Teilnehmern zuwenden. Die Folien können den Teilnehmern einfach und effektiv als Handout zur Verfügung gestellt werden. Das Hauptargument für die Verwendung des Beamers ist, dass Sie viele Informationen in kurzer Zeit transportieren können. Und genau das signalisiert das Medium Beamer: Der Präsentator ist aktiv und die Teilnehmer sind im Aufnahmemodus. Wenn Sie deutlich machen wollen, dass jetzt mitgearbeitet werden soll, dann wählen Sie lieber ein Medium, welches für Interaktion und gemeinsame Entwicklung von Themen oder Prozessen steht: das Flipchart oder die Pinnwand.

Flipchart Das am zweithäufigsten genutzte Fernmedium ist das Flipchart (FC). Es wird dann eingesetzt, wenn Inhalte gemeinsam mit anderen entwickelt werden oder länger im Raum sichtbar bleiben sollen (Agenda, Arbeitsmodelle usw.). Aufgrund der begrenzten Schriftgröße ist dieses Medium für die Arbeit mit bis zu etwa 35 Teilnehmern geeignet. Ein Flipchart signalisiert: Jetzt wird hier gemeinsam gearbeitet. Es bedarf jedoch etwas Übung, Schrift und Gestaltung ansprechend darzustellen. Und es fordert den Trainer etwas stärker, da er hier die Gruppe steuert und gleichzeitig schreibt. Üben Sie lieber vorab.

Die Pinnwand Die Pinnwand (PW) ist sicherlich das Medium, das am meisten Interaktion ermöglicht, aber auch am meisten Zeit beansprucht. Sie wird eingesetzt, wenn Meinungen in ihrer Vielfalt erfasst werden oder Prozesse gemeinsam entwickelt werden sollen. Die Teilnehmer beschriften zu definierten Fragestellungen oder Arbeitsaufträgen Metaplankarten, die anschließend an der Pinnwand befestigt werden. Wenn erwünscht oder sinnvoll, kann diese Kartenabfrage anonym stattfinden. Anschließend werden die unterschiedlichen Meinungen besprochen und eventuell thematisch geordnet. Es können auch gemeinsam Arbeitsprozesse oder Modelle entwickelt werden (siehe Präsentationsmodell im Download-Präsentationstraining). Ein großer Vorteil der Methode liegt darin, dass jeder Teilnehmer „zu Wort kommt" und die Ergebnisse lebendig an der Wand entwickelt, geordnet und verändert werden können. Dies ist zugleich die Kehrseite dieses Mediums, denn dieser Ordnungsprozess ist sehr zeitintensiv. Planen Sie vorab, zu welcher Fragestellung wie viele Karten pro Person oder Gruppe produziert werden sollen und wie Sie diese ordnen oder weiterverwenden wollen.

Weitere Hinweise zur Anwendung und Gestaltung der Medien finden Sie in den Teilnehmerunterlagen zum Präsentationstraining im Teil III in den Kapiteln Visualisierung und Medien (Download).

Notieren Sie sich in Ihrem Trainingsdesign in der rechten Spalte (Medien), welches Medium Sie zur Vermittlung oder Erarbeitung verwenden wollen. Wenn Sie das Handout (HO) oder Folien (F) verwenden wollen, fügen Sie die entsprechenden Seitenzahlen in Ihr Trainingsdesign ein. Das erspart Ihnen hektisches Suchen. Wenn Sie ein Flipchart (FC) oder eine Pinnwand (PW) verwenden, können Sie die Gestaltung zunächst auf Papier skizzieren. Ergänzen Sie diese Notizen in Ihrem Trainingsdesign. Wie im Beispiel Trainingsmodul Feedback (Kapitel 2.3) können Sie Ihre Skizzen direkt in Ihr Trainingsdesign einfügen. Alternativ machen Sie es wie in der obigen Abbildung 10 „Trainer-Regiebuch": Nehmen Sie einen Ordner und fügen Sie das Trainingsdesign so ein, dass auf der linken aufgeklappten Seite Ihre Modulbeschreibung und auf der rechten Seite die Visualisierungen im Kleinformat sichtbar sind. Dazu müssen Sie nur die Seiten mit den Visualisierungen auf der anderen – also rechten – Seite lochen.

Sobald Sie routinierter sind, können Sie die Medien Flipchart und Pinnwand vor Ort vorbereiten. In diesem Fall sollten Sie aber bereits eine Vorstellung davon haben, wie Sie diese Medien gestalten wollen. Planen Sie genügend Zeit dafür ein. Machen Sie nach dem Training ein Fotoprotokoll und fügen Sie dieses

Ihrem Trainingsdesign hinzu. Dann müssen Sie beim nächsten Training mit den Gestaltungsüberlegungen nicht wieder von vorne anfangen.

Ein Beispiel für ein vollständiges Trainingsdesign (Präsentationstraining) finden Sie im Teil III (Download).

Flankierende Maßnahmen gefällig? Überlegen Sie, was noch getan werden kann, um den Trainingserfolg optimal zu unterstützen. Sie können Give-aways mit Symbolcharakter zur Erinnerung besorgen (z. B. Smiley-Bälle zum Thema Kundenorientierung) oder Kernbotschaften auf Poster oder Notizblöcke drucken lassen oder digital verfügbar machen. In einem internationalen Unternehmen, für das ich arbeite, liegen beispielsweise in jedem Besprechungsraum Vorlagen für Meetingprotokolle in Form von Notizblöcken aus. Auf jeder Vorlage sind in komprimierter Form die Regeln des Besprechungsmanagements und eine To-do-Liste aufgedruckt. Selbstverständlich ist es auch sinnvoll, die Trainingsthemen in unternehmensinterne Prozesse oder Tools einzubinden oder Multiplikatoren zu nutzen.

Zum Erfahrungsaustausch und zur Verfestigung und Ergänzung der Trainingsinhalte lohnt es sich, einen Follow-up-Termin anzubieten. Dieser Termin sollte nicht zu früh anberaumt werden, sodass die Teilnehmer ausreichend Zeit haben, vielfältige Erfahrungen zu dem Thema zu sammeln. Er sollte auch nicht in zu weiter Ferne liegen, damit sie noch gut an das Trainingserlebnis anknüpfen können. Sechs Wochen bis drei Monate stellen für die meisten Themen einen guten Zeitraum zum „Training on the Job" dar.

4. Schritt: Trainingsvorbereitung

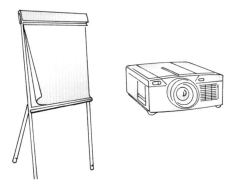

Abbildung 14: Die Bühne bereiten

Damit Ihr Auftritt gelingt, will dieser organisatorisch gut vorbereitet sein. Bevor Sie die Bühne betreten, sorgen Sie dafür, dass die Teilnehmer informiert und eingestimmt sind, der Trainingsraum bereit ist und Sie selbst alle Requisiten parat haben.

Überlassen Sie die Benachrichtigung und Einstimmung der Teilnehmer nicht dem Zufall. Wenn die Teilnehmer mit ganz anderen Vorstellungen in das Training kommen, als Sie es mit dem Auftraggeber abgesprochen haben, ist das Einfangen der unterschiedlichen Erwartungen schwieriger, als wenn Sie im Vorfeld für eine klare Orientierung über Ziele, Inhalte, Ort, zeitlichen Rahmen usw. sorgen. Dafür bietet sich das Einladungsschreiben an die Teilnehmer an. Die Teilnehmer benötigen Informationen über folgende Punkte:

Teilnehmer-vorbereitung

Checkliste für die Einladung der Teilnehmer:
- Trainingsbeschreibung
- Trainingsort mit Kontaktdaten und Anfahrtsskizze
- zeitlicher Rahmen mit Anfangs- und Endzeiten

- Kleiderordnung (Business casual, bei Outdooraktivitäten entsprechende Bekleidung)
- eventuell Vorbereitungsaufgaben für die Teilnehmer (z. B. soll für ein Präsentationstraining jeder Teilnehmer eine eigene Präsentation mitbringen, siehe Präsentationseinladungs-Mail in Teil III, Download)

Raum-vorbereitung Wenn es möglich ist, sollten Sie sich den Raum vorher anschauen, damit Sie vor Überraschungen gefeit sind. Sowohl in Unternehmen als auch in Hotels sind die Vorstellungen über die Anforderungen an einen geeigneten Trainingsraum sehr unterschiedlich. Mal soll die Gruppe auf engstem Raum zusammengepfercht werden, mal fehlen Tageslicht oder Belüftungsmöglichkeiten, dann wiederum findet man sich in einem Ballsaal wieder. Und manchmal wird der Raum eigentlich als Abstellkammer genutzt. Auch professionelle Trainingshotels sind nicht immer optimal eingerichtet und mit funktionierenden Medien ausgestattet (zusammenbrechende Flipcharts und Pinnwände, ausgetrocknete Stifte usw.).

Checkliste für den Raum:
- Tageslicht
- Faustformel: mindestens 3, besser 5 qm pro Person
- Möbel und Bestuhlungsform (Tische in U-Form, Blockform oder Stuhlkreis ohne Tische)
- Beamer und Projektionsmöglichkeit
- Anzahl der benötigten Flipcharts
- Anzahl der benötigten Pinnwände
- benötigte Technik (Computer, Internetanschlüsse, Stromanschlüsse, ...)
- Material (Moderationsmaterial, Blöcke, Stifte, ...)
- Organisation der Verpflegung (Getränke, Snacks und gegebenenfalls Mittagessen)

Mein Train-the-Trainer-Ausbilder hatte für die Trainervorbe- **Trainer-**
reitung einen Schlachtruf parat: „Immer mit Gürtel und **vorbereitung**
Hosenträgern!" Er selbst trug zwar keine Hosenträger, dafür
hatte er bei jedem Einsatz immer eine Kabeltrommel, ein Verlängerungskabel mit Mehrfachsteckerleiste und diverse weitere Extras dabei. Es ist gar nicht so eine abwegige Idee, sich eine
flexible elektronische Versorgung zu sichern. Das habe ich tatsächlich einige Male bereits benötigt. Da der Trainingsalltag
jedoch häufig mit Anreisen per Flugzeug einhergeht, versuche
ich, die Packliste auf das wirklich Notwendigste zu beschrän-
ken, denn Verlängerungskabel und Co. können die meisten
Unternehmen und Hotels noch vor Ort auftreiben. Hier sehen
Sie meine Packliste, die ich auf meinem Smartphone jederzeit
abrufbar parat habe:

Packliste für den Trainer:
- Teilnehmerliste (mit Namen, Arbeitsbereichen, Unterneh-
  men)
- Teilnehmerunterlagen: Handout, Blöcke, Stifte, eventuell
  Give-aways
- Teilnehmer-Zertifikate
- Trainingsdesign und vorbereitete Medien (FCs, Folien usw.)
- Laptop und Kabel, eventuell Beamer
- Digitalkamera zur Erstellung des Fotoprotokolls
- eventuell Videokamera (bei verhaltensbasierten Trainings)
- Bücher und Artikel zur Ansicht
- eventuell Werbematerial
- Moderationsmaterial:
  - Moderationskarten
  - Moderationsstifte
  - Pins
  - tesakrepp® und eventuell weiteres Moderationsmaterial
  - Flipchart- und Pinnwandpapier

Tipp: Je besser Sie geplant haben, desto leichter und lockerer werden Sie das Training steuern können. Und je besser Sie vorbereitet sind, desto flexibler werden Sie auf die Teilnehmer eingehen können.

Checkliste: Trainingsvorbereitung

Checkliste zur Vorbereitung

Checkliste für die Einladung der Teilnehmer:
- Trainingsbeschreibung
- Trainingsort mit Kontaktdaten und Anfahrtsskizze
- Zeitlicher Rahmen mit Anfangs- und Endzeiten
- Kleiderordnung (Business casual, bei Outdooraktivitäten entsprechende Bekleidung)
- eventuell Vorbereitungsaufgaben für die Teilnehmer

Checkliste für den Raum:
- Tageslicht
- Faustformel: mindestens 3, besser 5 qm pro Person
- Möbel und Bestuhlungsform (Tische in U-Form, Blockform oder Stuhlkreis ohne Tische)
- Beamer und Projektionsmöglichkeit
- Anzahl der benötigten Flipcharts
- Anzahl der benötigten Pinnwände
- benötigte Technik (Computer, Internetanschlüsse, Stromanschlüsse, ...)
- Organisation der Verpflegung (Getränke, Snacks und gegebenenfalls Mittagessen)

Packliste für den Trainer:
- Teilnehmerliste (mit Namen, Arbeitsbereichen, Unternehmen)
- Teilnehmerunterlagen: Handout, Blöcke, Stifte, eventuell Give-aways
- Teilnehmer-Zertifikate
- Trainingsdesign und vorbereitete Medien (FCs, Folien usw.)
- Laptop und Kabel, evtl. Beamer

- Digitalkamera zur Erstellung des Fotoprotokolls
- eventuell Videokamera (bei verhaltensbasierten Trainings)
- Bücher und Artikel zur Ansicht
- eventuell Werbematerial
- Moderationsmaterial:
  - Moderationskarten
  - Moderationsstifte
  - Pins
  - tesakrepp® und eventuell weiteres Moderationsmaterial
  - Flipchart- und Pinnwandpapier

5. Schritt: Trainingsdurchführung

Abbildung 15: Den Auftritt gestalten

Die Trainingskonzeption sollte vor Ihrem Auftritt selbstverständlich festgelegt sein. Dennoch greift der Konzeptionszyklus durchaus in das Training hinein. Prüfen Sie während der Veranstaltung, inwieweit Ihr Plan für die jeweilige Gruppe und Situation funktioniert:

Konzept in der Praxis überprüfen

- Wie gut gelingt es Ihnen, die Trainingsziele zu erreichen?
- Was kann inhaltlich, methodisch und organisatorisch verbessert werden?
- Was kann noch getan werden, um die Trainingsziele bestmöglich zu unterstützen?

Wenn Sie das Training zu einem späteren Zeitpunkt erneut durchführen werden, notieren Sie im Trainingsdesign – neben den geplanten – die tatsächlichen Zeiten. Organisatorische und inhaltliche Optimierungsideen halten Sie sofort in Ihrem Trainingskonzept fest. So können Sie bei zukünftigen Durchläufen noch besser planen und agieren. Sorgen Sie auch für die Dokumentation der Arbeitsergebnisse: Fotografieren Sie Resultate oder sammeln Sie diese ein, um sie später den Teilnehmern und eventuell dem Auftraggeber zur Verfügung zu stellen. Prüfen Sie, was noch offen ist und nach dem Training nachgereicht werden muss (Fotoprotokoll, Artikel, Buchtipps usw.).

Beachten Sie bei der Trainingsdurchführung, dass Sie sowohl den mit dem Auftraggeber vereinbarten Zielen verpflichtet sind als auch die Interessen und Erwartungen der Teilnehmer berücksichtigen müssen. Hier kann es zu Interessenkonflikten kommen. Auch unerwartete Besonderheiten, weil etwa die Teilnehmer schlechtere, bessere oder andere Voraussetzungen mitbringen oder etwas Unvorhergesehenes eingetreten ist, können grundsätzliche Kursänderungen notwendig werden lassen. Stimmen Sie sich im Zweifelsfall zwischendurch mit Ihrem Auftraggeber ab, wie Sie unter diesen Umständen weiter vorgehen möchten.

Tipp: Eine umsichtige und umfassende Auftragsklärung, in der Sie vorab die aktuelle Unternehmenslage, die Arbeitssituation der Teilnehmer und möglicherweise auch einige Teilnehmer persönlich kennenlernen können, wird Sie weitgehend vor unliebsamen Überraschungen im Training bewahren.

6. Schritt: Erfolgskontrolle

Abbildung 16: Das Konzept optimieren

Mit der Erfolgskontrolle endet der Konzeptionszyklus. Die Zielüberprüfung ist aus zweierlei Gründen wichtig: Zum einen erwartet der Auftraggeber in der Regel eine Rückmeldung über das Training. Und zum anderen ist nach dem Training meist vor dem Training. Da eine Trainingskonzeption immer aufwendig ist, lohnt sie sich vor allem, wenn Sie mehrere ähnliche Schulungen durchführen.

Neben Ihren eigenen Überlegungen zur Optimierung des Trainings ist die Rückmeldung der Teilnehmer wichtig und aufschlussreich. Daher wird am Ende der Schulung sowohl mündliches wie auch schriftliches Feedback von den Teilnehmern eingeholt. In einer *mündlichen Abschlussrunde* lege ich den Schwerpunkt auf eine spontane Meinungsäußerung sowie individuelle Lernergebnisse und Umsetzungspläne. In der Abschlussrunde (bei Trainings im Bereich sozialer Kompetenzen) notiere ich dafür meist drei Fragen auf dem Flipchart und bitte reihum jeden Teilnehmer um ein kurzes Statement:

Nach dem Training ist vor dem Training

- ▦ Was waren die wichtigsten Themen und Erkenntnisse?
- ▦ Was nehmen Sie sich konkret vor?
- ▦ Was möchten Sie noch loswerden?

Im *schriftlichen Feedback*, welches auch der Auftraggeber erhält, liegt der Schwerpunkt auf der Trainingsgestaltung, der Kompetenz des Trainers und dem Gesamteindruck (digitale Vorlage siehe in Teil III, Download).

Größere Unternehmen haben häufig ihre eigenen Feedback-Bögen und ihren eigenen Feedback-Prozess. In diesem Fall erhalten Sie meist eine Zusammenfassung der Bewertungen. Stimmen Sie sich mit Ihrem Auftraggeber über die Organisation des Feedbacks ab, sodass die Teilnehmer nicht doppelt Bewertungsbögen ausfüllen müssen.

Wenn Sie alle Informationen beisammenhaben, nutzen Sie sowohl Ihre eigenen Notizen als auch das Feedback des Kunden und führen gegebenenfalls Anpassungen durch. Überlegen Sie, was sowohl für diese Trainingsrunde als auch für mögliche weitere Veranstaltungen noch in Bezug auf die Zielerreichung getan werden kann.

Tipp: Suchen Sie nach dem Training gezielt den Kontakt zu Ihrem Auftraggeber. Sie können sich so noch einmal als professioneller Ansprechpartner für Ihre Themen positionieren und die Trainingsziele im Nachgang unterstützen. Geben Sie Ihrem Ansprechpartner Rückmeldung über die Ergebnisse und schildern Sie bei Bedarf Ihre Eindrücke in Bezug auf Themen, die den Transfer der Trainingsziele unterstützen oder erschweren können. Achten Sie aber darauf, dass Sie nicht ohne Absprache persönliche und vertrauliche Informationen aus dem Training weitergeben.

Feedback-Bogen

Veranstaltung: _____ Datum: _____ Trainer: _____

		Trifft voll und ganz zu					Trifft gar nicht zu

1)	Das Training hat meinen Erwartungen entsprochen.	○	○	○	○	○
2)	Ich bin mit dem Training zufrieden.	○	○	○	○	○
3)	Die Inhalte sind in meinem Arbeitsalltag praktisch verwertbar.	○	○	○	○	○
4)	Die Inhalte wurden auf anregende Art und Weise vermittelt.	○	○	○	○	○
5)	Die Inhalte wurden praxisnah vermittelt.	○	○	○	○	○
6)	Ich konnte viel Neues lernen.	○	○	○	○	○
7)	Der Trainer hat mich fachlich überzeugt.	○	○	○	○	○
8)	Die Dauer des Trainings war ...	zu lang ○		angemessen ○		zu kurz ○

9) Vorschläge für die Weiterentwicklung des Trainings (bei Bedarf bitte auch die Rückseite benutzen)

10) Am besten (weniger gut) gefallen hat mir ... Warum?

11) Bemerkungen/Rückmeldungen an den Trainer

Alles fertig konzipiert? Na, dann kann es ja losgehen! Bevor Sie Ihr Training durchführen, stöbern Sie doch einmal in Teil III bei den Mustern und Checklisten (Download). Sie werden viele Anregungen rund um die Vorbereitung und Organisation Ihres Trainings finden. Auch wenn Sie kein Präsentationstraining machen, kann es darüber hinaus hilfreich sein, wenn Sie sich das Präsentationshandout anschauen, da Sie hier viele nützliche und vertiefende Hinweise auch für Ihre Rolle als Trainer finden. Im zweiten Teil des Buches geht es nun um die professionelle Steuerung der Trainingsgruppe und den souveränen Umgang mit schwierigen Situationen. Viel Spaß dabei!

1. Schritt: Von den Zielen zu den Inhalten
Trainingsinhalte sammeln und auswählen

- Welche Inhalte sind für das Ziel und die Zielgruppe wichtig?
- Was sind Ihre Kernbotschaften zu dem Thema?
- Sammeln Sie Trainingsinhalte mit der Mindmap- oder der Clustermethode.
- Bringen Sie die Inhalte in eine didaktische Reihenfolge und Trainingsdramaturgie.
- Fassen Sie diese Inhalte in einer Trainingsbeschreibung zusammen.

2. Schritt: Von den Inhalten zu den Trainings-Modulen / zum Trainingsdesign
Methoden entwickeln und Ablauf festlegen

- Legen Sie fest, mit welchen Methoden Sie die Inhalte erarbeiten wollen.
- Achten Sie auf folgende Gestaltungsprinzipien:
  - Methodenmix,
  - Teilnehmerbeteiligung,
  - Zielorientierung.
- Die wesentlichen Schritte, Methoden, Fragestellungen und mögliche Ergebnisse pro Modul halten Sie nun in Ihrem Trainingsdesign fest.

3. Schritt: Vom Trainingsdesign zum Regiebuch des Trainers
Das Training inszenieren

Zur Vervollständigung des Trainingsdesigns zum kompletten Regiebuch überlegen Sie nun: Welche Lerninhalte, Fragestellungen, Arbeitsanweisungen usw. müssen auf Medien übertragen werden? Welche Medien bieten sich für welche Methoden am besten an?

- Fernmedien: Beamer, Flipchart, Tafel, Whiteboard, Pinnwand, ...
- Nahmedien: Teilnehmerunterlagen, Broschüren, Flyer, Infomaterial, ...

4. Schritt: Trainingsvorbereitung
Die Bühne bereiten
Sorgen Sie dafür, dass das Training vollständig organisiert ist:
- die Teilnehmer informiert und eingestimmt sind,
- der Trainingsraum mit der entsprechenden Infrastruktur vorbereitet ist,
- Sie selbst alle Requisiten parat haben (siehe auch Checkliste zur Trainingsvorbereitung).

5. Schritt: Trainingsdurchführung
Den Auftritt gestalten
Was können Sie tun, um die Trainingsziele bestmöglich zu unterstützen?
Prüfen Sie und notieren Sie sich Optimierungsideen:
- Wie gut gelingt es Ihnen, die Trainingsziele zu erreichen?
- Was kann inhaltlich, methodisch und organisatorisch verbessert werden?

Halten Sie die Arbeitsergebnisse der Gruppe fest und lassen Sie diese den Teilnehmern und eventuell dem Auftraggeber zukommen.

6. Schritt: Erfolgskontrolle
Das Konzept optimieren
Holen Sie sich ein Feedback von den Teilnehmern:
- mündliche Abschlussrunde,
- schriftliches Feedback.

Und geben Sie Ihrem Auftraggeber ein Feedback über die Trainingsergebnisse (Achtung: Vertraulichkeit wahren!).

TEIL II

Erfolgreich Trainings leiten

Gruppen souverän steuern

1

„Empowerment is all about letting go so that others can get going."

KEN BLANCHARD,
US-AMERIKANISCHER UNTERNEHMER UND AUTOR

Manchmal werde ich gefragt, ob mir meine Tätigkeit als Trainer nach so vielen Jahren Berufserfahrung nicht langweilig wird. Langweilig? Das ist es bestimmt nicht! Jedes Training ist ein Abenteuer, denn jede Gruppe ist anders. Unterschiedliche Persönlichkeiten kommen zusammen. Unterschiedliche Kontexte prägen die jeweilige Situation. In jedem Training entwickelt sich ein eigenes Zusammenspiel und eine eigene Dynamik. Dennoch liegen diesem Prozess Gesetzmäßigkeiten zugrunde, die Sie vorhersehen und sogar steuern können. Wenn Sie also neben dem Blick auf die zu vermittelnden Trainingsinhalte zusätzlich einen Blick auf die Gruppensituation und sich selbst haben, können Sie manche Schwierigkeit umschiffen und die Lernziele reibungsloser und entspannter erreichen.

1.1 Gruppenentwicklung und Trainingsstile

Was heißt Gruppensteuerung genau? Für die souveräne Steuerung des Gruppenprozesses ist es hilfreich, sich auf zwei für den Lernprozess wesentliche Bereiche zu fokussieren: *die emotionale Komponente* (wie *engagiert fühlen* sich die Personen in Bezug auf die Trainingsinhalte und die Trainingssituation) und die *kognitive Komponente* (was *wissen* und *können* die Teilnehmer bereits in Bezug auf den Lernstoff, aber auch die Trainingssituation, das heißt den Umgang miteinander). Geprägt durch diese zwei Komponenten (Engagement und Kompetenz) ergeben sich folgende Entwicklungsphasen, die sowohl individuelle Lernprozesse als auch Gruppenprozesse bestimmen und beschreiben. Sie laufen interessanterweise immer in dieser Reihenfolge ab:

Phasen der Gruppenentwicklung

- Phase der Orientierung *(Forming)*
- Phase der Unzufriedenheit *(Storming)*
- Phase der Lösung *(Norming)*
- Phase der Produktion *(Performing)*
- Phase der Beendigung *(Adjourning)*

Schauen wir uns dazu ein Beispiel an:

Beispiel: Typische Trainingsphasen
Nehmen wir einmal an, Sie heißen Frau Müller und sind vor kurzer Zeit Führungskraft Ihres Teams geworden, da Ihr Chef in den Ruhestand gegangen ist. Sie beherrschen Ihr Fachgebiet sehr gut, jedoch in Bezug auf das Thema Führung haben Sie bisher wenig Erfahrung sammeln können. Nun findet endlich das Training „Grundlagen erfolgreicher Führung" statt. Sie kommen in den Seminarraum, werden vom Trainer begrüßt und setzen sich auf einen freien Stuhl. Sie sind froh, endlich mehr über das Thema zu erfahren. Sie freuen sich, Anleitungen von einem Profi zu bekommen und sich mit anderen Führungskräften austauschen zu können. Sie schauen sich um und sehen weitere Menschen den Raum betreten. Sie kennen hier niemanden und waren schon lange nicht mehr in einem Training. Was denken Sie und wie fühlen Sie sich?
Menschen reagieren unterschiedlich auf ungewohnte Situationen. Manche sind neugierig und kontaktfreudig und freuen sich auf Anregungen. Viele sind jedoch zunächst unsicher und zurückhaltend. Sie wollen sich erst einmal orientieren, „wie das hier so läuft". Je nach Persönlichkeit schwanken Sie nun vielleicht zwischen gespannter Erwartung und mehr oder weniger starker Unsicherheit. Sie fragen sich, ob Sie „überhaupt mit den anderen mithalten können", wie man hier miteinander umgeht (sage ich Du oder Sie zu anderen Teilnehmern?) bis hin zu Fragen wie, ob Sie

heute Abend den letzten Bus nach Hause schaffen und ob es am Ende des Trainings eine Art Prüfung oder Rückmeldung an Ihren Chef gibt. Während Sie Ihren Gedanken nachhängen, erklärt der Trainer Ziele und Ablauf des Trainings. Nach einer Vorstellungsrunde steigen Sie in das Thema ein. Sie beginnen mit dem Trainer, den Teilnehmern und dem Training „warm" zu werden. Es herrscht eine freundliche Stimmung. Sie fühlen sich nun sicher. Sie wissen, dass für Sie relevante Themen erarbeitet werden, dass keiner vorgeführt wird und keine Prüfung ansteht. Erleichtert erkennen Sie, dass die anderen Teilnehmer sehr ähnliche Fragen, Hoffnungen und Sorgen haben. Sie sind jetzt im Training physisch und psychisch angekommen. Sie haben damit die **Phase der Orientierung** abgeschlossen.

Während Sie sich die Themen erarbeiten und die ein oder andere Fertigkeit üben (z. B. Mitarbeitergespräche führen), merken Sie, dass dieses Training nicht all Ihre Fragen beantworten kann, dass Sie nicht alles behalten können, dass manche Themen doch sehr komplex sind, es nicht für alles einfache Handlungsrezepte gibt und dass manches wirklich geübt werden muss, bevor es sitzt. Außerdem kommt der Trainer nicht immer auf den Punkt und einige Teilnehmer beanspruchen unglaublich viel Raum und Aufmerksamkeit. Spätestens jetzt sind Sie in der zweiten Phase **(Phase der Unzufriedenheit)** gelandet. Nach der positiven Erwartung, die jede „selbst gewählte" Anfangssituation beinhaltet, kommt nun eine Desillusionierung. Schwierigkeiten müssen überwunden werden und Grenzen werden deutlich. Spürbar wird auch, dass neues Wissen erarbeitet und geübt werden muss, bis es zu einer einsetzbaren Kompetenz wird. Bezogen auf die Gruppendynamik ist dies die heißeste Phase, da hier die anfängliche Höflichkeit und Zurückhaltung langsam abgelegt wird und die einzelnen Charaktere deutlicher hervortreten. Es werden Beziehungen aufgebaut und geklärt. Der Trainer muss seine anfänglich per se zugebilligte Autorität beweisen.

Wenn Rollen, Regeln usw. geklärt sind, Grenzen, aber auch Nutzen der Themen deutlich geworden sind, wird die Gruppe allmählich funktionsfähiger. Die Inhalte werden immer zügiger erarbeitet und es werden gemeinsame Arbeitsweisen entwickelt. Es tauchen hier und da noch ein paar Stolpersteine auf, aber Engagement und Selbstvertrauen sowie die Kompetenz der Gruppe steigen kontinuierlich an **(Phase der Lösung)**. Nun fängt es an, wirklich Spaß zu machen, finden Sie. Willkommen in der

Phase der Produktion. *Jetzt hat sich die Gruppe eingespielt. Sie bildet ein funktionierendes Team, das mit Spaß und Kompetenz voranschreitet und sich selbst bei Schwierigkeiten hilft.*

Frau Müller, Sie haben Ihren Platz gefunden, Kontakte geknüpft, viele Antworten erhalten und Kompetenzen aufgebaut. Schade nur, dass das Training bald zu Ende geht. Aber Sie nehmen ja so vieles mit in ihren Alltag **(Phase der Beendigung).**

Ob im Seminar, in Projektteams oder auch in Arbeitsgruppen – Sie finden diese Prozesse immer, wenn Menschen zusammenkommen, um ein bestimmtes Thema gemeinsam zu erarbeiten. Diese Entwicklungsphasen können nicht übersprungen werden. Sehr wohl können Gruppen jedoch in einer Phase stecken bleiben (prädestiniert hierfür ist die Phase der Unzufriedenheit) oder auch in eine frühere Phase zurückfallen, wenn eine adäquate Steuerung fehlt. Wie schnell und reibungslos diese Phasen in Ihrem Training durchlaufen werden, hängt ganz entscheidend von Ihnen als Trainer ab.

Wie können Sie diese Entwicklung sinnvoll voranbringen? Bauen Sie auf dem auf, was die Gruppe bereits entwickelt hat, und unterstützen Sie sie bei der Entwicklung dessen, was sie noch braucht. *Direktives* und *unterstützendes* Verhalten sind dabei Ihre Spielvarianten. Durch *direktives Verhalten* erhöhen Sie *Wissen* und *Fertigkeiten* (kognitive Kompetenzen) in einer Gruppe, indem Sie strukturieren, anleiten, kontrollieren, beaufsichtigen, also:

Direktes Verhalten
- Orientierung geben: Rahmen und Ziele setzen, Rollen klären, Standards, Grenzen und Strukturen festlegen,
- Anweisungen geben und Fertigkeiten lehren,
- Feedback zu Leistungen geben.

Durch *unterstützendes* Verhalten erhöhen Sie die *Motivation,* das *Selbstvertrauen* und die *Selbststeuerungsmechanismen* (Engagement) in einer Gruppe, indem Sie zuhören, positives Feedback geben und ermutigen, also:

- Gespräche und Diskussionen fördern, aktiv zuhören und als Sparringspartner dienen,
- Beteiligung und Selbstverantwortung unterstützen und fördern,
- hilfreiches Verhalten verstärken,
- unterstützende Beziehungen aufbauen, Konflikte klären.

Vielleicht stellen Sie fest, dass einer der beiden Verhaltensstile Ihnen besser liegt als der andere oder Ihnen aufgrund Ihrer persönlichen Werte näher ist. Tatsächlich wurde in der Fachwelt eifrig und lange über den optimalen Führungsstil debattiert: autoritär, kooperativ, demokratisch, richtungsbezogen usw. – die Liste der Modelle und Ansätze ist lang und die Kontroverse leidenschaftlich. Inzwischen geht man davon aus, dass es nicht den einen richtigen Stil gibt, sondern optimale Führung sich der Situation anpasst (*situatives Führen*).

Ein Modell, das sich sehr ausführlich mit dem Konzept „Situativ führen" auseinandersetzt und sowohl auf individuelles Lernen als auch auf Gruppenprozesse angewendet werden kann, wurde von Ken Blanchard sowie Donald und Eunice Parisi-Carew entwickelt. Grundlage für die Wahl des Führungsstils ist der Entwicklungsstand (bezogen auf Kompetenz und Engagement) des Individuums beziehungsweise der Gruppe. Der adäquate *Führungsstil* oder *Trainerstil* setzt sich nach Blanchard aus einer situativ angemessenen Mischung aus direktivem und unterstützendem Verhalten zusammen. Von diesem Ansatz können wertvolle Ableitungen für die Steuerung von Trainingsgruppen getroffen werden.

Tipp: Direktives Verhalten ist vor allem in der Anfangsphase von Trainings, aber auch bei neuartigen Aufgabenstellungen sinnvoll. Selbst wenn es Ihnen vielleicht zunächst etwas autoritär erscheint und Sie lieber im demokratischen Stil die Selbststeuerungsmechanismen der Gruppe unterstützen wollen, so ist es dennoch sinnvoll, anfangs klare Vorgaben zu machen und an der kurzen Leine sehr bestimmt zu führen. Dadurch geben Sie der Gruppe Strukturen an die Hand, wie zusammengearbeitet werden kann. Es wird schnell eine Arbeitsfähigkeit hergestellt und Erfolgserlebnisse werden geschaffen, anstatt die Gruppe mit zu vielen parallelen und zunächst komplexen Anforderungen zu überfordern. Wenn die Teilnehmer Kompetenzen aufgebaut und erste Erfahrungen gesammelt haben, wie Sie zusammenarbeiten können, können Sie sukzessive mehr unterstützendes Verhalten einsetzen und die Selbststeuerungsmechanismen der Gruppe entwickeln. Dann können Sie sich zurücklehnen und die Früchte Ihrer Arbeit ernten.

Im Folgenden finden Sie zunächst das Modell im Überblick und dann eine Übersicht darüber, wie Sie
- die Phasen der Gruppenentwicklung im Training erkennen,
- die Gruppenentwicklung unterstützen können.

Situatives Führen im Überblick Sie können den geeigneten Führungs- bzw. Trainingsstil ablesen, indem Sie eine vertikale Linie von den Entwicklungsstufen der unteren Grafik in den darüberliegenden Bereich der Führungsstilkurve (Pfeil, der mehrere Quadranten durchmisst) zeichnen.

Im Folgenden werden Sie durch die typischen Fragen und Themen der Gruppenentwicklung geführt und erhalten Hinweise, wie Sie als Trainer diese Entwicklung fördern können.

1. Phase: Orientierung (Forming)

Teilnehmerverhalten in Forming-Phase Das gegenseitige Kennenlernen und Gewinnen von Vertrauen, die Selbstorganisation sowie die Klärung der Werte und Normen im Team stehen im Vordergrund. Meist herrscht eine positive und vorsichtige, manchmal ängstliche Grundstimmung vor.

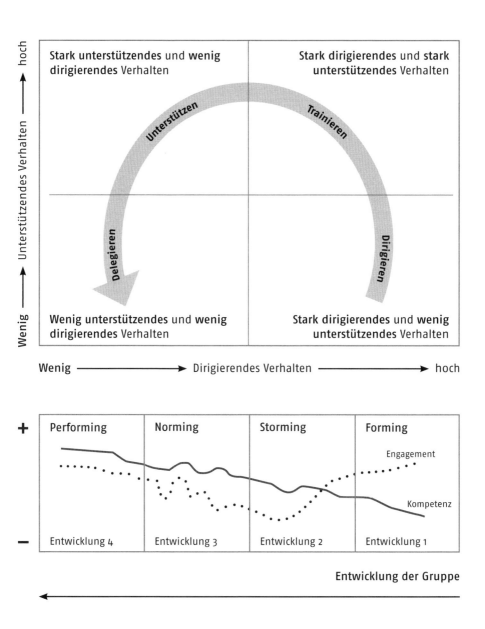

Abbildung 17: Modell „Situativ führen" nach Ken Blanchard,
Donald und Eunice Parisi-Carew

Die Teilnehmer

- kommen mit Interesse und Vorfreude. Sie haben die Hoffnung, dass Probleme und Fragen bearbeitet und geklärt werden, Nutzen entsteht.
- sind unsicher, haben Sorge, nicht mithalten zu können im Vergleich mit anderen, haben Angst vor Prüfungssituationen und stellen sich ganz allgemein die Frage: Wie funktioniert das hier?
- haben ein Bedürfnis nach Zugehörigkeit, Kennenlernen der anderen, Sicherheit.
- haben das Bedürfnis, einen Platz zu finden und sich zu etablieren.
- testen, ob der Trainer Sicherheit bieten kann, standfest ist oder sich „aufs Kreuz legen" lässt.
- sind abhängig von einer Autorität (z. B. des Trainers).

Trainerverhalten in Forming-Phase

Der Trainer zeigt einen direktiven Trainingsstil (stark direktiv, noch wenig unterstützend). Hauptaufgabe des Trainers ist es in dieser Phase, einen klaren Rahmen zu schaffen. Er setzt Ziele, Befugnisse, Rollen, Aufgaben, Zeitvorgaben. Er wählt anfangs einfache und klar strukturierte Aufgaben, die er präzise anleitet. Der Trainer schafft Struktur, indem er

- für Transparenz, klare Kommunikation und Information (Trainingsziele, Agenda, Rahmenbedingungen, …) sorgt.
- das gegenseitige Kennenlernen durch eine geordnete Vorstellungsrunde unterstützt.
- die Anwesenheit eines jeden Teammitglieds wertschätzt – das schafft Identität.
- Entscheidungen trifft, Aufgaben in kleinen Schritten definiert und Anweisungen gibt.
- Fertigkeiten lehrt und demonstriert.
- Standards setzt und Grenzen deutlich macht.
- der Gruppe hilft, die notwendigen Fertigkeiten zu entwickeln.
- Feedback über Leistung und Gruppendynamik gibt.

2. Phase: Unzufriedenheit (Storming)

In dieser Phase geht es um die Verarbeitung der Desillusionierung sowie um Macht und Einflussnahme. Konflikte kommen zutage. Es kann stürmisch werden. Die Teilnehmer

Teilnehmer-verhalten in Storming-Phase

- erfahren Diskrepanz zwischen Hoffnung und Realität (Desillusionierung): Sie erkennen, dass es in diesem Training vermutlich keine Lösungen für alle Probleme geben wird und die neuen Kompetenzen nicht sofort beherrscht werden können. Motivation und Einsatzbereitschaft sinken nun erst einmal ab.
- sind verwirrt. Wichtiges und Unwichtiges können sie noch nicht unterscheiden. Es besteht die Angst, es nicht zu schaffen, es nicht zu begreifen, zu scheitern.
- üben Kritik am Trainer, am Konzept, an den Unterlagen, am Unternehmen usw.
- konkurrieren um Macht und Aufmerksamkeit.
- versuchen, die eigene Position abzusichern, suchen nach Partnern und Koalitionspartnern.
- haben ein Bedürfnis nach fruchtbarem und gesundem Arbeitsklima.
- haben ein Bedürfnis nach zielgerichtetem Vorgehen.

Das Verhalten von Gruppenmitgliedern ist in dieser Phase häufig kritisch und kann bei mangelnder Steuerung sogar destruktiv werden. Folgende Phänomene können auftreten:

Es kann stürmisch werden

Kampf-Verhalten:

- Angriffe, Aggressionen, Killerphrasen, Zynismus, Spott
- Rebellion, Ablehnen von Spielregeln
- Feindliche Haltung gegenüber Teilnehmern, dem Trainer oder Außenstehenden

Flucht-Verhalten:

- Problemen und Verantwortung ausweichen, intellektuelle Wortgefechte um unwichtige Details, Witzeln
- Nichts wissen, sich an nichts erinnern, vergessen

- Dienst nach Anweisung
- Handeln nur nach konkreten Aufforderungen, wenig eigene Ideen, keine Vorschläge

Abhängigkeits-Verhalten:
- Warten auf Anweisungen, Bestehen auf Richtlinien und Vorschriften
- Anpassung ohne innere Überzeugung

Trainerverhalten in Storming-Phase

Der Trainer zeigt den Führungsstil „Trainieren" (stark direktiv/stark unterstützend). Er hat immer noch die Aufgabe, für einen klaren Rahmen, Orientierung und Klärung zu sorgen. Er wird gegebenenfalls Spielregeln vereinbaren. Aber nun gewinnen Ermutigung und Unterstützung an Bedeutung. Bleiben Sie cool und behalten Sie das Steuer fest im Griff, dann gelangt die Gruppe schnell wieder in ruhigere Gewässer.

Der Trainer zeigt viel direktives Verhalten, indem er
- realistische und erreichbare Ziele setzt.
- Aufgaben und Beziehungen klärt.
- immer noch Standards und Grenzen setzt.
- Entscheidungen fällt und Anweisungen gibt.
- die Entwicklung von Fertigkeiten fortsetzt und eng überwacht.
- Feedback zu Leistung und Gruppendynamik gibt.
- für Regeleinhaltung sorgt.

Der Trainer zeigt viel unterstützendes Verhalten, indem er
- die Sach- von der Beziehungsebene trennt.
- emotionale Unruhe nicht überbewertet, jedoch beobachtet und zeitnah anspricht.
- aktiv zuhört, für einen Dialog sorgt, Unterschiede und Schwierigkeiten akzeptiert.
- bestimmend auftritt, wenn Konflikte zu stark werden oder Regeln verletzt werden.
- Sinn und Nutzen verdeutlicht, Hintergründe erklärt.

„Keine Phase der Gruppenentwicklung ist schlecht. Jede von ihnen bringt uns voran in die Phase der Produktivität."

KEN BLANCHARD,
US-AMERIKANISCHER UNTERNEHMER UND AUTOR

3. Phase: Lösung (Norming)

In dieser Phase lernt die Gruppe kreativ, flexibel, effektiv und zunehmend selbstständig miteinander zu arbeiten. Der Zusammenhalt des Teams festigt sich, eigene normative Spielregeln und gegenseitige Akzeptanz der Mitglieder setzen sich durch. Die Teilnehmer

Teilnehmerverhalten in Norming-Phase

- gewinnen an Zufriedenheit, die Diskrepanz zwischen Erwartungen und Realität wird aufgelöst.
- wachsen als Gruppe zusammen: Feste Rollen und Aufgabenverteilung bilden sich heraus, Harmonie, Vertrauen, Unterstützung und Respekt entwickeln sich.
- arbeiten zunehmend selbstständig, Selbstvertrauen und Zuversicht entwickeln sich.
- zeigen offeneres Verhalten; mehr Feedback wird möglich.
- akzeptieren den Trainer und vergleichen ihn nicht mehr mit anderen Personen.
- zeigen wachsende Neugierde auf weitere Erkenntnisse.

Der Trainer zeigt den Trainingsstil „Unterstützen" (wenig direktiv/stark unterstützend). Seine Aufgabe ist es nun, Selbstständigkeit zu fördern und zu weiterem Wachstum zu ermutigen. Die sukzessive Abgabe von Verantwortung und der Übergang von der Leiter- zur Moderatorenrolle gelangen in den Vordergrund. Der Trainer zeigt viel unterstützendes Verhalten, indem er

Trainerverhalten in Norming-Phase

- Gruppenprozesse erleichtert und die Gruppe zunehmend bei Entscheidungen einbezieht (z. B. über Zeitplanung, Standards usw.).
- Selbstständigkeit fördert (Delegieren von Leitungsaufgaben wie Moderation, Kontrolle usw.).
- aktiv zuhört, Unterschiede positiv bewertet und anerkennt.

- Hindernisse aus dem Weg räumt und Spielregeln erweitert.
- Leistung fordert und fördert.
- Fertigkeiten und Verständnis vertieft.

4. Phase: Produktion (Performing)

Teilnehmerverhalten in Performing-Phase

Teilnehmer und Trainer sind zu einem konstruktiven partnerschaftlichen Team zusammengewachsen und arbeiten produktiv und effizient. Die Teilnehmer

- zeigen hohe Zuversicht bezüglich der Erfüllung von Aufgaben, hohe Selbstständigkeit.
- kommunizieren frei und offen, ohne Angst vor Ablehnung oder Kritik.
- spüren Teamstärke, teilen Leitungsaufgaben in der Gruppe.
- sind hochproduktiv, freuen sich über den Erfolg gelöster Aufgaben.
- erkennen praktische Erfahrungen in den Lerninhalten wieder.
- diskutieren und planen die konkrete Anwendung des Gelernten.
- Die Grundlage für selbstständiges Weiterlernen ist gelegt.

Trainerverhalten in Performing-Phase

Der Trainer zeigt den Stil „Delegieren" (wenig direktiv/wenig unterstützend). Er bleibt der Kapitän an Bord und muss das Schiff weiterhin auf Kurs halten, kann dabei jedoch die Verantwortung für den Lernprozess gemeinschaftlich teilen, indem er

- Information verfügbar macht.
- Verantwortung delegiert.
- der Gruppe zur Seite steht.
- Zielsetzungen und Leistungsrückblick der Gruppe fördert.
- Erfolge erkennbar macht und feiert.
- neue Herausforderungen sucht (suchen lässt).

5. Phase: Beendigung (Adjourning)

In Gruppen, die ein definiertes Ende haben, schließt sich nun eine Phase des Abschieds und der Reflexion an. Die Teilnehmer

Teilnehmerverhalten in Adjourning-Phase

- sind besorgt über das bevorstehende Ende.
- denken an das, was nach dem Seminar sein wird.
- empfinden Freude auf die Umsetzung und Sorge, ob das in der Praxis machbar ist.

Der Trainer wird nun auf der Sachebene und der psychosozialen Ebene auf das Ende zuarbeiten, indem er

Trainerverhalten in Adjourning-Phase

- den Teilnehmern bei der Konsolidierung des gelernten Wissens und dem Fazit hilft.
- Ergebnisse sichert und Erreichtes würdigt.
- an „das Leben nach dem Training" anknüpft, den Transferprozess unterstützt.
- den Abschiedsprozess gestaltet.

Die Führung von Individuen und Gruppen zeigt gewisse Parallelen zum allgemeinen Menschwerdungsprozess und kann von folgendem Leitgedanken inspiriert werden:

> *„Wenn die Kinder klein sind, gib ihnen Wurzeln.*
> *Wenn sie groß sind, gib ihnen Flügel."*
> VERFASSER UNBEKANNT

Tipp: Zusammengefasst heißt das, wenn Sie Menschen durch Lernprozesse führen, brauchen Sie nur genau hinzuschauen, was bereits vorhanden ist und was die Person oder die Gruppe noch braucht. Dafür kann das Situativ-führen-Modell wertvolle Hinweise liefern. Und dann sorgen Sie einfach dafür, dass die Person bzw. die Gruppe erhält, was sie braucht. So kommen Sie schnell in sichere Fahrwasser und zu produktiven Ergebnissen.

1.2 Das heimliche Wirken von Einstellungen und (Rollen-) Haltungen

Nun haben Sie einiges darüber gelesen, wie Sie Gruppen durch gezieltes (Führungs-)Verhalten helfen und diese steuern können. Das sind natürlich nicht Ihre einzigen Einflussmöglichkeiten auf die Gruppensituation. Sie selbst als Person sind es, die in ganz entscheidendem Ausmaß das Geschehen prägt. Ihre Einstellungen und (Rollen-)Haltungen beeinflussen nahezu unbemerkt, dafür aber umso stärker das Zusammenspiel der Gruppe. Die nächsten zwei Kapitel handeln von diesen heimlichen Machenschaften der inneren Haltung.

Übung   Zunächst ein kleines Gedankenexperiment:

Sie nehmen selbst an einer Fortbildung teil. Was veranlasst Sie, den Trainer oder die Trainerin zu schätzen? Was mögen Sie als Teilnehmer gar nicht oder wann lehnen Sie einen Trainer oder eine Trainerin sogar ab?

Welche Konsequenzen ziehen Sie aus diesen Erfahrungen und
Überlegungen für Ihre Trainings?

_____

_____

_____

_____

_____

_____

· ·

Wenn jetzt parallel zu Ihnen neun weitere Leser diese Fragen beantworten, so wird es vermutlich zehn verschiedene Antworten
geben. Warum? Weil Menschen verschieden sind und dementsprechend unterschiedliche Lern- und Kommunikationsstile
bevorzugen. Dennoch würde unsere kleine Stichprobe Gemein-
samkeiten zutage fördern: Wertschätzung, echtes Interesse,
positive und klare Kommunikation, respektvolles Feedback und
eine angemessene Mischung aus Unterstützung und Fordern
könnten den gemeinsamen Nenner bilden.

Dieses kleine Gedankenexperiment verdeutlicht, dass der Trai- **Es beginnt mit**
ner es niemals allen gleichermaßen recht machen kann. Wenn **Ihnen**
Sie bestimmte Grundsätze beachten, haben Sie jedoch eine gute
Chance auf zufriedene Teilnehmer, einen zufriedenen Auftraggeber und nicht zuletzt einen zufriedenen Trainer, der wiederum im nicht zu unterschätzenden Ausmaß die anderen Komponenten der Gleichung beeinflusst. Sie erkennen wahrscheinlich:
Sie selbst sind die Variable der Gleichung, die Sie am unmittelbarsten be-
einflussen können.

Übung Es beginnt mit Ihrer inneren Haltung, die Sie während des Trainings einnehmen.

Was glauben Sie über sich selbst in Bezug auf das Training?

_____

_____

_____

_____

Es geht weiter mit der Frage: Was glauben Sie über Ihre Teilnehmer?

_____

_____

_____

_____

. . . .

Beginnen wir bei Ihnen selbst. Schauen Sie sich dazu Ihre Notizen an: Sind diese Sätze eher positiv und unterstützend oder eher negativ und (selbst-)kritisch? Ist das eigentlich von Bedeutung?, mögen Sie sich fragen. Und ergänzen: „Das sage ich doch nur zu mir selbst. Das registriert doch keiner! Das hat doch keinen Einfluss!" Das stimmt nicht. Wie Sie im nächsten Kapitel lesen werden, registrieren die Teilnehmer diese Selbstgespräche durchaus – wenn auch unbewusst. Vor allem aber haben diese Sätze einen entscheidenden Einfluss auf Sie selbst. Denn der Mensch, _der am meisten mit Ihnen spricht, sind Sie selbst._

Wenn Sie jetzt noch bedenken, dass von den etwa 50.000 bis 60.000 Gedanken, die Ihnen Tag für Tag durch den Kopf gehen, etwa 90 Prozent reine Wiederholungen darstellen – dann sollten Sie doch vielleicht besser aufpassen, welche Gedanken Sie dort kreisen lassen. Denn meistens sind wir uns dabei nicht besonders wohlgesinnt.

> *„In meinem Leben habe ich unzählig viele Katastrophen*
> *erlitten. Die meisten sind nie eingetreten."*
> MARK TWAIN, US-AMERIKANISCHER AUTOR

Es gibt *Gedanken, die entmutigen, einschränken und Stress verursachen.* Man nennt sie irrationale Beliefs oder Glaubenssätze, weil sie absolute Forderungen enthalten und damit nicht erfüllbar sind oder globale Selbst- oder Fremdbewertungen darstellen und somit die Sichtweise einschränken: **Negative Glaubenssätze**

- Ich muss alles richtig machen.
- Ich muss das Thema XYZ perfekt beherrschen.
- Die Trainingsteilnehmer sollen alles „gut finden".
- Ich bin nicht gut ... im Präsentieren, Schreiben oder Diskussionen-Leiten.
- Die Teilnehmer wollen ja eh nichts lernen ...
- Es wäre eine absolute Katastrophe, wenn es negative Stimmen gäbe ...

Und es gibt *Gedanken, die unterstützend wirken und den Handlungsspielraum erweitern:* **Positive Glaubenssätze**

- Ich darf Fehler machen und kann aus ihnen lernen.
- Jeder gibt sein Bestes. Und das ist gut genug.
- Wir alle sind gemeinsam für den Erfolg verantwortlich.
- Für jedes Problem gibt es eine Lösung.
- Jedes Verhalten hat eine positive Absicht.

„Interessante Selbstgespräche setzen einen klugen Gesprächspartner voraus", sinnierte einst der Schriftsteller Herbert George Wells. Sie können sich zwar nicht den Gesprächspartner Ihrer Selbstgespräche aussuchen, jedoch können Sie sich dafür entscheiden,

eine kluge Wahl über die Art der Gespräche zu treffen. Sport-psychologen nutzen dieses Phänomen übrigens vor allem im Hochleistungssport.

Übung Welche Gedanken erscheinen Ihnen für sich selbst wichtig? Welche wollen Sie sich vornehmen in Bezug auf Ihre Trainings?

Genau wie Sie selbst kommen natürlich auch Ihre Teilnehmer mit mehr oder weniger konstruktiven Einstellungen und Glaubenssätzen über sich selbst in das Training. Da viele Arbeitssituationen angespannt sind und meistens mehr Aufgaben anstehen, als geleistet werden können, ist die Arbeitssituation vieler Menschen geprägt von Überlastung und Konflikten. Dann fallen negative Glaubenssätze auf einen besonders fruchtbaren Boden, auf dem sie wie Unkraut wuchern können. Diese Selbstzweifel finden vor allem in der Gruppenentwicklungsphase Storming ihr Ventil. Achten Sie auf solche irrationalen Äußerungen und machen Sie sich und der Gruppe gegebenenfalls die Unerfüllbarkeit dieser Forderungen deutlich. Sie können mit der Gruppe auch positive und stärkende Aussagen erarbeiten.

Jetzt fangen Sie sicherlich an, sich über Ihre Rolle als Trainer Gedanken zu machen. Bin ich nun Referent, Motivator, Dompteur oder gar Seelendoktor?, fragen Sie sich vielleicht. Dies ist eine interessante Überlegung, zumal wir ja gerade das Thema „Unerfüllbarkeit von Forderungen" erörtern. Hilfreich für den

Trainingsbereich ist die Unterscheidung zwischen zwei grundsätzlichen Trainerrollen: der Rolle des *Leiters* und der des *Moderators*.

Der Leiter

Trainer als Leiter

- ist sachkompetent,
- gibt Input,
- hat Antworten auf Fragen,
- hat einen entschiedenen eigenen Standpunkt,
- ist verantwortlich für den Inhalt und den Prozess.

Der Moderator

Trainer als Moderator

- ist nicht notwendig sachkompetent,
- sammelt und organisiert Input,
- lässt Antworten aus der Gruppe heraus erarbeiten,
- steuert vor allem über Fragen und Arbeitsaufträge,
- nimmt eine neutrale Haltung ein und äußert keinen inhaltlichen Standpunkt,
- ist nur verantwortlich für den Prozess, nicht für den Inhalt.

Sicherlich haben Sie jetzt schon eine gedankliche Verbindung zu den Gruppenentwicklungsphasen und den unterschiedlichen Anforderungen an den Trainingsstil gezogen. Natürlich sind Sie als Trainer in erster Linie Leiter, der dafür zu sorgen hat, dass die Lernziele erreicht werden. Dazu ist zunächst vor allem Ihre Fachkompetenz gefragt, die Sie in den ersten beiden Gruppenentwicklungsphasen sehr stark einbringen. Sie werden hier die relevanten Fachgebiete vorstellen und einordnen, kurze Vorträge halten und von Ihren eigenen Erfahrungen berichten. Darüber hinaus werden Sie Fertigkeiten wie z. B. Gesprächsführung demonstrieren, anleiten, ausprobieren lassen und Feedback geben. Sobald entsprechende Kompetenzen in der Gruppe aufgebaut sind, können Sie zunehmend moderierende Elemente einbauen. In Gruppenarbeiten, Gruppendiskussionen oder Einzelarbeiten können nun die Teilnehmer gemeinsam das Gelernte festigen und vertiefen, Anwendungsmöglichkeiten erarbeiten und Transferfragestellungen bearbeiten. Die anderen Rollen

Unterschiedliche Phasen stellen unterschiedliche Anforderungen

wie Motivator und Seelendoktor dürfen Sie getrost beiseitelassen. Sie tragen die Verantwortung für die Lernergebnisse und die Arbeitsfähigkeit der Gruppe. Sie sind nicht verantwortlich für die Motivationslage der Teilnehmer und nur sehr begrenzt für deren seelisches Wohlbefinden. Ob die Teilnehmer lernen und anwenden wollen, liegt außerhalb Ihres Einflussbereichs. Hier noch einmal die entlastende Botschaft für alle Trainer, Präsentatoren und Führungskräfte: *Sie können niemanden motivieren!*

Positive Lern-bedingungen schaffen

Und: Sie brauchen niemanden zu motivieren. Sie erreichen aber sehr viel, wenn Sie an die Motivation der Teilnehmer anknüpfen und positive Bedingungen schaffen. Der Schlüssel zu Ihren Teilnehmern ist es, auf deren Anliegen einzugehen und eine positive Einstellung zu ihnen zu entwickeln und aufrechtzuerhalten. Entscheidender als jede Technik, Methodik und Didaktik oder auch Rhetorik ist nämlich die Wertschätzung. Mit welcher Einstellung und welcher Erwartung Sie in eine Gruppe hineingehen – damit prägen Sie das Geschehen in ganz entscheidender Weise. *Unsere Vorstellungen formen unsere Realität.* Sie sind erstaunt? Nicht nur Sie – auch die Forscher der renommierten Harvard-Universität staunten. Und forschten. Lesen Sie dazu weiter im nächsten Kapitel.

1.3 Sie bekommen, was Sie erwarten – von der Macht der Erwartung

Der Rosenthal-Effekt

Sie bekommen, was Sie erwarten. Dieses inzwischen als Rosenthal-Effekt oder Pygmalion-Effekt bekannte Phänomen wurde in den 1970er-Jahren von Robert Rosenthal, Professor für Sozialpsychologie an der Harvard-Universität, ausgiebig erforscht. Er konnte wiederholt nachweisen, dass sich positive Erwartungen, Einstellungen und Überzeugungen des Versuchsleiters nach Art der *„sich selbst erfüllenden Prophezeiung"* auf die Realität auswirken. Untersucht wurde dieses Phänomen an Schulklassen amerikanischer Grundschulen. Zunächst überzeugte Rosenthal mit einem Scheintest das Kollegium davon, dass bestimmte, von ihm zufällig ausgewählte Schüler sogenannte hochintelligente „Aufblüher" seien, die in Zukunft hervorragende Leistungen zeigen würden. Bei einer Intelligenzmessung am Schuljahresende hatten sich die meisten dieser Schüler tatsächlich im Vergleich zu ihrem am Anfang des Schuljahres erfassten Intelligenzquotienten (IQ) stark verbessert (45 Prozent der als „Aufblüher" ausgewählten Kinder konnten ihren IQ um 20 oder mehr Punkte steigern und 20 Prozent konnten ihn gar um 30 oder mehr Punkte steigern). Dieser Effekt war unabhängig von der tatsächlichen Intelligenz. Allein wer als „vielversprechend" eingestuft war, zeigte sich in der Folge vielversprechend. Diese Versuchsergebnisse wurden seither viele Male repliziert.

Erstaunlicherweise konnte dieser Effekt sogar in Tierexperimenten nachgewiesen werden. So wurde belegt, dass sich Ratten entsprechend den Erwartungen der Versuchsleiter verhalten. Als intelligent ausgewiesene Tiere rannten schneller und sicherer durch die Laborlabyrinthe als die angeblich „dummen" Ratten. In 29 Prozent der Fälle verweigerten sich diese „dummen" Tiere sogar schon beim Start, während diese Widerspenstigkeit nur bei 11 Prozent der „schlauen" Tiere auftrat. Was Lehrer und Versuchsleiter im Einzelnen alles taten, sodass dieser Effekt sich zeigte, konnte nicht in aller Vollständigkeit erfasst werden. Deutlich wurde jedoch, dass Menschen, in die positive Erwartungen gesetzt werden, ein wärmeres sozioemotionales Klima erfahren, mehr Informationen und Feedback erhalten und ihnen mehr Gelegenheit zu Frage und Antwort gegeben wird.

Dass die Realität kaum gegen die Macht der Erwartung ankommt, zeigt ein weiteres Untersuchungsergebnis aus der Reihe der Studien zum Rosenthal-Effekt: Wenn Kinder, die vom Lehrer als unbegabt angesehen werden, gute Leistungen erbringen, so ziehen sie sich sogar den Unmut des Pädagogen zu. Weil der Schüler den Erwartungen des Lehrers nicht gerecht wird, wird er – trotz guter Leistung – „bestraft". Letzen Endes bekommen Sie also (fast) immer, was Sie erwarten.

Sie bekommen, was Sie erwarten

Wie Sie als Trainer in eine Gruppe hineingehen, wie Sie sich bewegen, sprechen, atmen, welche Emotionen, Einstellungen und Werte Sie einbringen und wie Sie Themen und Konflikte angehen, alles wird von der Gruppe registriert und weitgehend imitiert. Zum Teil bewusst – vor allem aber unbewusst. Sie sind Leiter und Identifikationsfigur. Somit werden Ihre Einstellungen und Ihr Verhalten um ungefähr die Anzahl der Teilnehmer multipliziert und Ihnen zurückgespiegelt. Wenn Sie schwierige Teilnehmer erwarten, so werden Sie unbewusst und vor allem nonverbal eher Abwehr- oder Kampfsignale aussenden und defensive Kommunikationsstrukturen etablieren. Schwierigkeiten sind somit programmiert. Angenehmer und zielführender ist es daher, auf eine positive Einstellung zu achten und sich seiner Vorbildfunktion bewusst zu sein. Das ist weniger Stress für alle.

Bedeutung der Spiegelneuronen

Erst 30 Jahre nach den Untersuchungsreihen von Rosenthal entdeckte um 1990 ein italienischer Hirnforscher die physiologische Grundlage dieses erstaunlichen Phänomens. Professor Rizolatti von der Universität Parma erforschte die Aktivität von Hirnregionen bei einfachen Handlungen, z. B. wenn ein Affe nach einer Nuss greift. Dabei machte er eine zufällige, aber bahnbrechende Entdeckung: Beobachtete ein anderer Affe das Geschehen, so wurden die gleichen Gehirnregionen aktiviert – ohne dass dieser zweite Affe selbst eine Nuss zur Verfügung hatte. Die Vermutung lag nahe, dass Handlungen beim Beobachter still und rein gedanklich durchgeführt werden. Diese Vermutung konnte in vielen Experimenten beim Menschen bestätigt und in den letzten Jahren entschlüsselt werden. Spiegelneuronen heißen die Nervenzellen, die aktiv werden, wenn wir andere Menschen beobachten. Sie sind eine Art Resonanzsystem, das uns mit den Handlungen und Emotionen unseres Gegenübers mitschwingen lässt. Sie informieren uns über den gefühlsmäßigen Zustand unserer Mitmenschen. Und sie sorgen sogar für Ansteckung. Wenn jemand herzhaft lacht oder ausgiebig gähnt – dann sind wir schnell mit dabei. Interessanterweise ist die Funktionsweise dieser Spiegelneuronen keine Einbahnstraße. Über das System ihrer Spiegelneuronen erkennen die Teilnehmer die Gefühle und Einstellungen ihres Trainers. Sie achten außerdem darauf, wie sie vom Trainer wahrgenommen werden und welche Antworten sie auf die unbewusst gestellten Fragen erhalten:

- Siehst du mich?
- Bin ich dir wichtig?
- Welche Entwicklungsmöglichkeiten siehst du in mir?

Diese Forschungserkenntnisse verdeutlichen einerseits, wie sich unsere Emotionen und Erwartungen in unserem Gegenüber konkret wiederfinden. Diese werden dann zurückgespiegelt, sodass ein sich selbst verstärkender Prozess einsetzt. Andererseits bilden sie den neurologischen Beweis für das Lernen am Modell. Am besten und schnellsten lernen wir, wenn wir das zu Lernende bei anderen abschauen können. Diese Lernprozesse sind direkter und intensiver als die Mechanismen der Konditionierung (Belohnung und Bestrafung) oder der rein kognitiven Erklärung.

Somit haben wir noch eine weitere Rolle für Sie als Trainer gefunden: Sie sind *Modell*. Ihre persönliche Einstellung zu sich und den Teilnehmern, Ihre Haltung sowie Ihre Art und Weise zu kommunizieren wirken. Sie wirken nicht nur für die Dauer des Trainings, sondern darüber hinaus. Neben allen theoretischen Modellen, Strategien und Techniken nehmen die Teilnehmer *Sie* (als ein Modell) mit nach Hause – und verbreiten weiter, was positiv und sinnvoll erscheint.

Der Trainer als Modell

2 Wenn es schwierig wird – Erste-Hilfe-Set für Trainer

„Alles Leben ist Problemlösen."

KARL POPPER,
ÖSTERREICHISCH-BRITISCHER PHILOSOPH

In den beiden vorherigen Kapiteln haben wir die „magische Macht" der positiven Einstellung und Erwartung beleuchtet. Was, wenn die positive Haltung nicht ausreicht, die Situation konstruktiv zu gestalten? Was tun, wenn eine schwierige Situation im Training entsteht?

2.1 So meistern Sie Schwierigkeiten souverän

Was wäre eine schwierige Situation für Sie?

....

Übung Was wäre das Schlimmste, was Ihnen in den Sinn kommt?

_____

_____

_____

_____

_____

....

Spielen Sie diese Situationen gedanklich durch und überlegen Sie sich, was daran so schlimm oder schwierig ist. Häufig finden allein durch die genaue Betrachtung bereits eine Versachlichung und ein Entdramatisieren der eigenen Gedanken und der Situation statt. Legen Sie sich dann zwei oder drei Handlungsoptionen zurecht, was genau Sie in dieser Situation sagen und machen können. Damit haben Sie den Ernstfall schon einmal gedanklich geprobt und können schneller und flexibler reagieren.

Bevor Sie das Problem in der jeweiligen Situation lösen, ist eines besonders wichtig: Weiteratmen! Als Nächstes ist es hilfreich zu wissen: *Ihre Bewertung der Situation entscheidet darüber, wie die Teilnehmer die Situation erleben und bewerten.* Wenn Sie sich aufregen und wütend oder hektisch werden, stimmen Sie das Plenum auf diese Emotionen ein. Wenn Sie sich für Gelassenheit entscheiden, stimmen Sie sich und das Publikum auf diese emotionale Haltung ein. Sie geben vor, wie die Lage verarbeitet wird. Besonders elegant ist es natürlich, wenn Sie einen Vorfall aktiv für Ihr Thema nutzen können: Wenn z. B. die Technik ausfällt und es in Ihrem Training um Technik und Prozesse geht, können Sie vielleicht erläutern, wie wichtig es ist, Back-up-Systeme zu haben (quod erat demonstrandum). Wenn Selbstmanagement das Thema ist, können Sie thematisieren, wie man emotional und kognitiv mit unvorhergesehenen Situationen und Pannen umgehen kann. Und wenn Sie ein Präsentationstraining machen, können Sie herausarbeiten, was man als Präsentator konkret in solchen Situationen machen kann. Womit wir beim Thema wären, was Sie im Falle des Falles tun können. Lassen Sie uns anhand einiger Beispiele Handlungsoptionen und Erste-Hilfe-Maßnahmen für den Notfall erarbeiten.

Ihre Bewertung entscheidet

2.2 So gehen Sie mit Einwänden um

Sie referieren gerade engagiert über ein Thema. Da ruft Ihnen plötzlich ein Teilnehmer aufgebracht zu: „Das ist doch alles graue Theorie. Sie wissen ja gar nicht, was es bedeutet, in unserem Hause eine Führungsaufgabe auszuüben!" Was passiert in diesem Moment in Ihnen? Erinnern Sie sich an den uralten im Kapitel 1 beschriebenen Stressmechanismus, der uns seit Anbeginn der Menschheitsgeschichte begleitet? Sehr wahrscheinlich wird nun genau diese biologische Stressreaktion in Ihnen ablaufen und Sie auf die für das unmittelbare Überleben wichtigen Reaktionen programmieren: Angriff, Flucht oder Totstellreflex. Bei Referenten ist in der Regel nun zwar kein tatsächlicher gezielter K.o.-Schlag auf den lästigen Trainingsteilnehmer oder ein hektisches Verlassen des Seminarraums zu beobachten. So weit hat die Zivilisation uns schon im Griff, dennoch lassen sich diese grundlegenden Verhaltensprinzipien in Stresssituationen feststellen. Beobachten Sie einmal Menschen, wenn sie sich einem Anschlag auf ihr Selbstwertgefühl ausgesetzt sehen, vor allem, wenn viele und bedeutsame Zuschauer Zeuge des Geschehens sind. Je nach Persönlichkeitsstruktur greift nun der Angegriffene selbst beherzt an („Sie haben ja überhaupt keine Ahnung ..."), flüchtet sich in Rechtfertigungen und langwierige Erklärungen oder zieht den Kopf ein und versucht, das Geschehen zu ignorieren (modifizierter Totstellreflex).

Diese Verhaltensweisen sind zwar verständlich, jedoch nicht besonders nützlich, da sie erstens zu einer Eskalation der Situation führen und zweitens weder dem Trainer noch dem Teilnehmer weiterhelfen. Nützlicher hingegen ist das Einwand-ABC:

A Aufnehmen

Versuchen Sie den Einwand aufzunehmen, indem Sie zuhören. Zeigen Sie, dass Sie zuhören. Bleiben Sie im Kontakt und in einer positiven Grundhaltung. Immerhin tritt diese Person aus dem Schutz der schweigenden Menge heraus und äußert sich. Auch wenn der Einwand vielleicht zunächst sehr vage und etwas unwirsch war, gehen Sie einfach davon aus, dass ein Anliegen vorliegt, für das noch keine Lösung sichtbar ist.

B Beleuchten

Atmen Sie tief durch (damit sich Ihr Verstand wieder dazuschalten kann) und fragen Sie sich, was Ihr Gegenüber gemeint haben könnte. Welches Anliegen hat der Zuhörer, welche Fragen stellt er sich? Lassen Sie ihn sein Anliegen präzisieren und seine ganze Kraft in seine Argumentation legen. Das hat den Vorteil, dass die Kraft sich nicht mehr gegen Sie persönlich richtet, sondern auf die nun langsam sichtbar werdende Sachebene fokussiert wird.

C Chance nutzen

Dann – aber auch erst dann – sind Sie mit Ihrer Reaktion dran. Wie im Judo nutzen Sie die Energie des Angreifers und lenken sie auf ihn zurück. Grundprinzip der verbalen „Kampfkunst" ist es demnach, nicht gegen, sondern immer mit dem Counterpart zu arbeiten. Greifen Sie die geäußerten Anliegen und zugrunde liegenden Bedürfnisse auf und nutzen Sie diese als Aufhänger für Ihre Argumentation.

„Am Abgrund hat man den besten Überblick."
PROF. QUERULIX (*1946),
DEUTSCHER APHORISTIKER UND SATIRIKER

So weit das Grundprinzip für den Umgang mit kritischen Bemerkungen. Welche Techniken können Sie nun konkret anwenden und wie kann sich das anhören?

Beispiel: Angemessene Reaktion auf einen Einwand

Zurück zu unserem Einwand: „Das ist doch alles graue Theorie. Sie wissen ja gar nicht, was es bedeutet, in unserem Hause eine Führungsaufgabe auszuüben!" Statt Ihrem Gegenüber sofort etwas zu entgegnen, was Sie nach dieser allgemeinen Aussage nicht wirklich zielgerichtet können (geht es hier um strategische, zeitliche, emotionale oder sonstige Themen?), haben Sie nun bereits zugehört und weitergeatmet. Sehr gut! Und nun?

Eine grundlegende und vielfach einsetzbare Technik ist das Paraphrasieren, wobei Sie einfach das Gesagte in eigenen Worten wiedergeben, also z. B.: „Wenn ich Sie richtig verstanden habe, sehen Sie noch nicht den Bezug zu Ihrer persönlichen Situation. Ist das so korrekt?"

Paraphrasieren Diese Methode hat den Vorteil, dass Sie nicht voreilig antworten müssen, bevor Sie überhaupt das Problem verstanden haben. Außerdem fühlt sich Ihr Gegenüber zumindest gehört und vielleicht sogar verstanden, was schon eine Menge an Druck nimmt und dessen Bereitschaft erhöht, sich nun seinerseits auf das einzulassen, was Sie sagen werden. Darüber hinaus hört der Angreifer selbst noch einmal sein Anliegen und wird es in der Regel schon an dieser Stelle präzisieren können. Nehmen Sie nicht sofort eine Gegenposition ein, sondern nehmen Sie den Einwand auf und geben Sie ihn noch einmal in eigenen Worten wieder – eventuell in abgeschwächter Form. Damit signalisieren Sie, dass Sie zugehört haben und sich für den Gesprächspartner interessieren. Dazu einige Beispielformulierungen:

- „Wenn ich Sie richtig verstanden habe ..."
- „Ihrer Meinung nach ist es so ..."
- „Das ist ein wichtiger Aspekt, den Sie nennen ..."
- „Gut, dass Sie darauf hinweisen ..."
- „Verstehe ich gut, dass Sie da Bedenken haben ..."

Halten Sie dabei Blickkontakt und warten Sie auf ein Signal der Zustimmung oder näheren Erklärung.

Eine weitere vielseitig einsetzbare Methode ist das Stellen von Rückfragen. Mit Rückfragen signalisieren Sie Interesse und gewinnen zugleich Zeit. Dabei können Sie eine offene und allgemeine Rückfrage stellen oder lenkende Fragen einsetzen, die Ihr Gegenüber schon in eine konstruktive, von Ihnen gewünschte Richtung schicken (präzisierende Ursachenanalyse, Suche nach Umsetzungs- oder Lösungsmöglichkeiten, ...). Es ist immer wieder erstaunlich, wie gut sich die Gedanken von Gesprächspartnern durch Fragen lenken lassen. Eben wollte Ihr Gegenpart noch meckern, wie wenig Zeit er hat, wie schlimm alles ist usw., und nun denkt er schon darüber nach, wie es dennoch funktionieren könnte. Achten Sie dabei genau darauf, in welche Richtung Sie Ihr Gegenüber schicken. Nicht jede Frage öffnet den Geist. So schickt die Frage „Warum glauben Sie, dass das graue Theorie ist?" den anderen auf die Suche nach Belegen für seine Aussage. Sein Gehirn sucht dann eifrig nach Argumenten, warum die Inhalte für ihn garantiert nicht anwendbar sind. Und damit verfestigt sich seine bisherige Position. Die Frage „Was brauchen Sie, um ...? " setzt Ihren Gesprächspartner hingegen auf eine konstruktive Gedankenschiene. Er wird nun nicht mehr darüber nachdenken, warum er dagegen ist, sondern welche Art von Unterstützung der Situation dienlich wäre. Voilà! *Suchen Sie Lösungen statt Probleme.* In dieser Richtung kommen Sie gemeinsam vorwärts. Stellen Sie also Fragen, die öffnen und Möglichkeiten schaffen. Zeigen Sie dabei ein echtes Interesse an den geäußerten Sorgen und Schwierigkeiten. So öffnen Sie Herz und Geist für Möglichkeiten und Lösungen. Denkbare Rückfragen sind:

▓ Allgemeine Rückfragen
„Worum geht es Ihnen genau ...?"
„Habe ich Sie richtig verstanden ...?"

▓ Präzisierende Rückfragen
„Was genau bereitet Ihnen Bauchschmerzen ...?"
„Wo genau lokalisieren Sie die Probleme ...?"
„Wofür konkret benötigen Sie ...?"

▪ **Lösungsorientierte Rückfragen**
„Sie fragen sich gerade, wie die Umsetzung im Alltag aussehen könnte?"
„Was brauchen Sie, um ...?" oder „Welche Aspekte wären für Sie wichtig ...?".

Darüber hinaus gibt es viele weitere Möglichkeiten, mit Einwänden umzugehen. Einen Überblick über die Einwand-Techniken entnehmen Sie dem folgenden Kasten.

1 x 1 der Einwand-Techniken

1. Vorwegnehmen
Indem Sie den Einwand selbst bringen, gewinnen Sie Aufmerksamkeit und Vertrauen:
„Nun können Sie meinen ..."

2. In Fragen umwandeln
Wenn Sie den Einwand in eine Frage umwandeln, zeigen Sie dem Gesprächspartner, dass Sie seine Meinung aufgreifen und wichtig nehmen:
„Ihre Frage lautet also ..."
„Verstehe ich Sie richtig ...?"

3. Konkretisieren
Durch die Bitte um Konkretisierung beleuchten Sie den Hintergrund des Einwandes näher. So erhalten Sie zusätzliche Informationen für Ihre Antwort:
„Woraus schließen Sie das ...?"
„Welche Erfahrungen haben Sie damit gemacht ...?"

4. Zustimmen
Aus der Sicht des Gegenübers ist jeder Einwand verständlich. Wenn Sie Ihren Gesprächspartner bestätigen, ist er eher bereit, anschließend über Ihre Antwort nachzuden-

ken: „Ein wichtiger Aspekt! Aus folgenden Gründen haben
wir jedoch ..."

5. Aufhänger aufgreifen
Wenn Sie dem Einwand aufmerksam zugehört haben, können Sie die Formulierung des Gesprächspartners aufgreifen
und mit diesem „Aufhänger" Ihre Antwort einleiten.

6. Zurückstellen
Wenn Sie den Einwand taktvoll annehmen und dann zurückstellen (eventuell sogar notieren), ist Ihr Gesprächspartner meist mit einer späteren Antwort einverstanden.
Vergessen Sie nicht, darauf zurückzukommen! So vermeiden
Sie, dass durch einen Einwand an unpassender Stelle der
rote Faden Ihrer Argumentation verloren geht:
„Erlauben Sie mir, die Frage zurückzustellen?"
„Aus folgenden Gründen würde ich gerne später noch einmal auf dieses Thema zurückkommen: ... Sind Sie damit
einverstanden?"

2.3 So gehen Sie mit Pannen und technischen Störungen um

Pannen passieren. Und je mehr Ausstattung und Technik Sie einsetzen, umso vielfältiger werden die Risiken, was alles ausfallen, nicht zusammenpassen oder gar verschwinden kann: Beamer, Adapter, Kabel, Projektionsfläche, Ihr Computer usw. sind
Quellen für technische Störungen. Malen wir also den Teufel auf
die Projektionsfläche und stellen uns folgende, nicht sehr häufige, jedoch nicht unwahrscheinliche Situation vor: Das Training
wird gleich beginnen. Sie sind bestens vorbereitet und mental
gut eingestimmt. Alles ist inhaltlich strukturiert und organisatorisch stehen alle Medien im Raum bereit. Die Teilnehmer
sind pünktlich erschienen und schauen Sie bereits erwartungs-

voll an. Sie beginnen mit einer Begrüßung und inhaltlichen Einstimmung und drücken den Einschaltknopf des Beamers – und nichts passiert! Sie bemühen noch ein paarmal den Einschaltknopf, prüfen die Stromzufuhr ... obwohl der Beamer noch vor einer halben Stunde klaglos funktionierte, bleibt er jetzt dunkel und still, während Ihr Organismus auf Überlebensmodus schaltet ... Was nun?

Hier hilft erst einmal: weiteratmen und gelassen bleiben. Vielleicht können Sie sogar einen eleganten Bezug zu Ihrem Thema herstellen (siehe Kapitel 2.1). Und dann brauchen Sie die Pannenhilfe bei technischen Störungen:

Pannenhilfe bei
Störungen

Pannenhilfe bei technischen Störungen

1. Atmen Sie weiter!

2. Lassen Sie Ersatz organisieren.
Lassen Sie das Hotel, das Unternehmen usw. sich um Ersatz beziehungsweise um die Technik kümmern. In größeren Häusern gibt es meist mehrere Beamer, Beamerlämpchen, Ersatzkabel usw. vor Ort oder im Umfeld, die innerhalb von 30 bis 60 Minuten verfügbar sein können. Sorgen Sie nur dafür, dass sich jemand sofort kümmert. Dann können Sie mit den Teilnehmern weiterarbeiten, bis Ersatz beschafft ist.

3. Treffen Sie eine Entscheidung, wie es weitergeht.
Vielleicht müssen Sie unterbrechen, weil Sie nur auf Powerpoint gesetzt haben und keine andere Aktivität möglich ist. Dann schicken Sie die Teilnehmer zum Kaffeetrinken und Sichkennenlernen.

4. Beschäftigen Sie die Teilnehmer sinnvoll.
In den meisten Fällen kann jedoch die Gruppe sinnvoll beschäftigt werden. Lassen Sie die Teilnehmer als Gesamtgruppe oder in 2er- oder 3er-Gruppen Erfahrungen austauschen oder bestimmte Themen erarbeiten, z. B. Best Practices und Stolperfallen sammeln, Erfolgsfaktoren herausarbeiten, Beispielfälle zum Trainingsthema skizzieren usw. Nutzen Sie die noch verfügbaren und funktionsfähigen Medien und Materialien wie z. B. Metaplankarten, DIN-A4-Papier, FC usw. zur Visualisierung der Gruppenarbeiten. Mein wichtigstes Erste-Hilfe-Set, welches ich in jedem Training dabeihabe, ist ein Notfallset an Metaplankarten, funktionsfähigen Metaplanstiften und einer Rolle Kreppband. Damit lässt sich immer sinnvoll und vor allem flexibel arbeiten.

5. Würdigen Sie die Flexibilität und Produktivität.
der Teilnehmer (und Problemlöser, die in dieser Zeit Ersatzbeamer oder Kabel besorgt haben). Ein Teilnehmer sollte nie das Gefühl haben, nur beschäftigt worden zu sein. Greifen Sie daher die Ergebnisse der Gruppe an dieser Stelle oder später wieder auf und nutzen Sie diese für die Bearbeitung der Trainingsthemen.

6. Kehren Sie zurück zu Ihrem Trainingsplan und holen Sie die Zeit wieder auf.
Zumindest für die Trainingssituation kann man festhalten: *Pannen passieren, Katastrophen werden gemacht.*

2.4 So gehen Sie damit um, wenn die aktuelle Weltlage bei Ihnen im Training anklopft

Dramatische Ereignisse beanspruchen Raum Ein Training stellt für viele Teilnehmer eine willkommene Auszeit aus dem Arbeitsalltag dar. Dennoch ist eine Veranstaltung niemals losgelöst von dem sonstigen persönlichen oder unternehmerischen Kontext und der aktuellen Weltlage. Dramatische Ereignisse beanspruchen Raum – unabhängig davon, ob es sich hierbei um wichtige persönliche Erlebnisse, um gerade im Unternehmen verkündete oder durchgesickerte gravierende Entscheidungen oder um andere aktuelle Geschehnisse wie Terroranschläge oder Naturkatastrophen handelt. Wenn es an der Tür klopft, wollen wir erst einmal wissen, wer da ist und was los ist. Sie können davon ausgehen, dass solche Ereignisse zunächst die Aufmerksamkeit binden und verarbeitet werden wollen, bevor Sie wieder zum ursprünglich geplanten Tagesordnungspunkt übergehen können. Reden schafft Entlastung und beschleunigt die Verarbeitung. Gegebenenfalls sind auch organisatorische Fragen zu klären und ist konkreter Handlungsbedarf entstanden, der erledigt sein will.

Auch positive Ereignisse erzeugen Stress Übrigens: Auch positive Ereignisse beanspruchen Raum. Nicht umsonst werden neben dem Verlust des Arbeitsplatzes, neben Krankheit und Trennungssituationen auch Hochzeit oder Geburt als sogenannte kritische Lebensereignisse klassifiziert. Sie sind in der Stressskala von Holmes und Rahe sehr weit oben angesiedelt, weil von den Beteiligten eine erhöhte Anpassungsbereitschaft abgefordert wird. Sie erfordern eine Auseinandersetzung mit der neuen Situation, Entscheidungen müssen getroffen und neue Wege beschritten werden. Wir agieren niemals losgelöst von unserem Umfeld. Eine Vielzahl an Wirkfaktoren trägt letzten Endes zum Gelingen des Trainings bei. Manche davon können Sie im Vorfeld vorhersehen und steuern: So ist es z. B. offensichtlich keine gute Idee, ein Training im Rheinland in die Karnevalshochsaison zu legen oder zu wichtigen

Spielen während der Fußballweltmeisterschaft Ihre Trainingszeiten festzusetzen. Auf die meisten Einflussfaktoren werden Sie jedoch flexibel reagieren müssen.

Tipp: Eine wichtige Grundregel im Training lautet: *Störungen haben Vorrang!* Wenn größere Ereignisse ihren Schatten oder auch ihre positive Ausstrahlung in Ihren Trainingsraum werfen, ist die Aufmerksamkeit sowieso nicht bei dem Trainingsthema. Anhaltende Unruhe, unablässige Seitengespräche, besorgtes, ständiges Checken von Meldungen sind Anzeichen für Störungen. Wenn Sie die Ursache noch nicht kennen, fragen Sie nach, was der Grund ist. Treffen Sie dann Vereinbarungen, wie Sie gemeinsam damit umgehen wollen.

Als Trainer neigt man manchmal dazu, sich für Unaufmerksamkeit des Plenums verantwortlich zu fühlen. Wenn es im Raum zu kalt oder zu warm ist oder die Raucher ihre Pausen benötigen, können Sie direkt Abhilfe schaffen. Gegen das Weltgeschehen hingegen werden Sie nicht ankommen. Geben Sie in diesem Fall erst einmal den Raum für die Verarbeitung des aktuellen Geschehens, bevor Sie wieder an Ihren Trainingsleitfaden anknüpfen.

2.5 So gehen Sie mit Störern um

Bisher haben wir immer von „den Teilnehmern" gesprochen. Selbstverständlich sind die Menschen, mit denen Sie es zu tun haben, sehr verschieden. Menschen haben unterschiedliche Ziele, Interessen, Fähigkeiten, Erfahrungen und Verhaltensweisen und bedürfen daher unterschiedlicher Ansprache und Einbeziehung. Auch wenn ein Verhalten für Sie – und vielleicht für andere – störend ist, so ist es dennoch hilfreich, zunächst davon auszugehen, dass jedem Verhalten eine positive Absicht zugrunde liegt. Menschen wollen selten stören, sondern folgen eige-

Positive Absicht unterstellen

nen Impulsen, was natürlich von anderen als störend empfunden werden kann. So kann häufiges Dazwischenreden für einen Trainer anstrengend sein, vor allem, wenn ein enger Zeitplan verfolgt wird. Nun kann man sich als Trainer darüber aufregen und so in eine Stressspirale eintauchen oder man versucht, die positive Absicht dahinter zu erkennen und zu respektieren. Und somit sind Sie bereits in der Deeskalation und auf einem vielversprechenden Weg. Was könnte also „häufiges Dazwischenreden" bedeuten? Oft bedeutet es, dass diese Teilnehmer sich lebhaft und engagiert mit dem Thema auseinandersetzen und häufig schon die Trainingsinhalte auf ihre Erfahrungen und ihren Arbeitsalltag übertragen – also bereits Transferüberlegungen vornehmen. Das ist sicherlich durchaus in Ihrem Sinne! Freuen Sie sich also einfach über die rege Beteiligung. Lassen Sie diese lebhaften Teilnehmer sich austauschen und „fangen" Sie sie dann wieder ein, sodass auch weniger lebhafte Personen zu Wort kommen können und der Trainingsfahrplan grundsätzlich eingehalten wird.

Blitzlicht als Stimmungsbarometer Auf der anderen Seite werden Sie sicherlich einige sehr ruhige Teilnehmer haben, die kaum erkennbare Beteiligung am Trainingsgeschehen zeigen. Als Trainer hat man hier weniger Feedback, wie die Trainingsinhalte aufgenommen und verarbeitet werden – auch das kann irritieren. Solange diese Teilnehmer nicht anfangen, sich mit anderen Dingen zu beschäftigen, sondern weiterhin aufmerksam zuhören, gehen Sie ruhig davon aus, dass manche Menschen erst einmal in Ruhe aufnehmen und sich nicht ständig im großen Plenum austauschen wollen. Wenn Sie diese Menschen dennoch aktiver beteiligen möchten, vermeiden Sie die alte Lehrermanier im Sinne von: „Herr XY, was sagen Sie jetzt dazu?!" Stellen Sie lieber gezielte Fragen in den Raum und schauen Sie einladend, aber nicht aufdringlich in die ruhigeren Gesichter. In der Regel gibt es dann mehr Beiträge von der zurückhaltenden Fraktion. Sie können natürlich eine „Runde" oder ein Blitzlicht machen, wobei sich jeder reihum zu einer Frage in ein bis drei Sätzen äußern soll. So bekommen Sie ein Statement von jedem und einen Eindruck, wo jeder gedanklich steht. Sorgen Sie ansonsten dafür, dass auch für ruhigere Teilnehmer passende Phasen der Verarbeitung und Reflexion kommen. Einzelarbeiten oder Austausch zu zweit werden hier meist gerne angenommen. Ich habe es übrigens oft erlebt, dass gerade von den ruhigen Teilnehmern am Ende des Trainings das beste Feedback kam.

> *„Nehmen Sie die Menschen, wie sie sind, andere gibt's nicht.“*
>
> KONRAD ADENAUER,
> ERSTER BUNDESKANZLER
> DER BUNDESREPUBLIK DEUTSCHLAND

Wie Sie vielleicht festgestellt haben, habe ich hier Verhaltensweisen beschrieben, die zwei Pole einer Dimension beschreiben: Es gibt extrovertierte Menschen, die gerne, viel und lebhaft in Interaktion gehen. Sie werden häufig durch folgenden Spruch überspitzt dargestellt: „Woher soll ich wissen, was ich denke, bevor ich höre, was ich sage?!" Diese Menschen sind natürlich kaum zu übersehen und zu überhören und nehmen viel Raum im Trainingsgeschehen in Anspruch. Dennoch gibt es ungefähr genauso viele introvertierte Menschen, die lieber erst etwas gründlich durchdenken, bevor sie sich äußern mögen. Diese Gruppe würde häufig eigentlich lieber ein Buch zur Hand nehmen als in ein Seminar gehen. Darüber vereinen viele Menschen beide Anteile in unterschiedlichen Mischungsverhältnissen. Neben dieser Grunddimension Extraversion versus Introversion gibt es viele weitere Modelle und Typologien menschlicher Verhaltenspräferenzen: das DISG- oder Persolog-Modell, den Meyers Briggs Type Indicator (MBTI), das Herman-Dominanz-Instrument, ... um nur einige bekannte Modelle zu nennen. Aus meiner Sicht kann die Beschäftigung mit diesen Persönlichkeitsmodellen für einen Trainer nützlich sein, wenn diese als Perspektivenerweiterung und nicht als Schublade genutzt werden. Modelle ermöglichen Distanz und erlauben einen anderen Blick auf das Geschehen. Dadurch entstehen neue Erlebens- und Verhaltensweisen. Interessanterweise gehen wir nämlich meist zunächst davon aus, dass andere Menschen ähnlich denken und empfinden wie

Persönlichkeitsmodelle zur Perspektivenerweiterung

wir, und aus dieser Sicht handeln wir. Als „störend" empfinden wir dann Verhalten, welches anders ist oder unseren Absichten in die Quere kommt. Sie werden Ihre Trainingsteilnehmer jedoch wirksamer erreichen, wenn Sie den Menschen erst einmal eine positive Absicht unterstellen, sie in ihren Besonderheiten begreifen und individuell auf sie eingehen. Und plötzlich „stören" diese Menschen weniger.

„Um klar zu sehen, genügt oft ein Wechsel der Blickrichtung."

ANTOINE DE SAINT-EXUPERY, FRANZÖSISCHER AUTOR

Tipps, „Störern" zu begegnen Und hier noch ein paar allgemeine Tipps zum Umgang mit „Störern":

Reaktionsmöglichkeiten auf Zwischenrufe:
- Überhören
- Geistvolle oder humorvolle Entgegnungen: „Warten Sie nur ab, es kommt noch besser ..."
- Zunächst weiterreden und später darauf zurückkommen
- Sich nicht provozieren lassen
- Bei wiederholten Zwischenrufen den Teilnehmer aktiv und konstruktiv einbeziehen oder Ich-Botschaft senden: „Sie haben mich jetzt dreimal hintereinander unterbrochen. Das macht es für mich sehr anstrengend, den roten Faden zu behalten. Ich schlage vor, Sie notieren Ihre Fragen und stellen Sie im Anschluss an den Vortrag."

Bei Seitengesprächen:
- Unterbrechen Sie Ihre Ausführungen und schauen Sie die Teilnehmer, die sich unterhalten, unbeirrt und freundlich an. Die ganze Aufmerksamkeit des Trainings wird sich auf die Seitengesprächler richten, die in der Regel ihr Gespräch sofort beenden.
- Sie können den Effekt noch steigern, indem Sie ein oder zwei Schritte auf die Gesprächspartner zugehen.
- Eine weitere Steigerungsmöglichkeit ist es, wenn Sie freundlich fragen:

„Offenbar sind da noch offene Fragen …?“;
„Ist das etwas, was für die gesamte Gruppe von Interesse ist …?“

- Sie können darüber hinaus den Vorschlag machen, die Pausen für diese Diskussionen zu nutzen.
- Manchmal ist eine vorgezogene Pause sinnvoll.
- Bei mehreren Seitengesprächen und allgemeiner Unruhe sollten Sie Ihre Beobachtungen wertfrei ansprechen. Zumeist beschäftigt die Gruppe dann ein für sie wichtiges Thema, welches bearbeitet oder zumindest thematisiert werden muss, damit die Arbeitsfähigkeit der Gruppe wieder hergestellt werden kann. Denn – wie bereits erwähnt – es gilt: Störungen haben Vorrang!
- Wenn es keinen bestimmten Grund gibt, sondern Undiszipliniertheit und eine schlechte Kommunikationskultur sich ausbreiten, empfiehlt es sich, das Thema „Wie wollen wir in diesem Seminar miteinander umgehen?“ explizit zu diskutieren und gemeinsam Spielregeln aufzustellen. Diese sollten dann von allen unterschrieben und sichtbar im Raum aufgehängt werden.
- Wenn nichts mehr geht, bleibt nur die Entscheidungsfrage: „Entweder halten Sie sich an ein gewisses Regelwerk oder es steht Ihnen frei, die Veranstaltung zu verlassen.“ Aber Vorsicht: Vorher sollten Sie Ihre anderen Möglichkeiten ausgeschöpft haben.

Telefon/Abwesenheiten:

- Ein versehentlich klingelndes Telefon (weil das Ausschalten vergessen wurde), ein kurzes Checken des Handys oder ein einmaliges Verlassen des Raums, um ein Telefonat zu führen, solche Dinge können in jedem Training vorkommen. Zeigen Sie, dass Sie das registriert haben. Meistens reicht dieser (unausgesprochene) Hinweis aus. In der Folge bleiben diese Störungen meist aus oder „unvermeidbare“ Telefonate oder „kurze Abwesenheiten“ werden beim Trainer angekündigt.
- Unpünktlichkeit nach den Pausenzeiten kommt gelegentlich vor. Wenn Sie auf die Nachkömmlinge warten, bestra-

fen Sie die Pünktlichen. Fragen Sie eventuell nach, ob längere Pausen benötigt werden. Ansonsten beginnen Sie unbeirrt zu den vereinbarten Zeiten, sodass die Zuspätkommer den Blicken des Plenums ausgesetzt sind, wenn sie sich zu ihren Plätzen durcharbeiten. Das genügt in der Regel.

Häufen sich jedoch diese Vorkommnisse, müssen Sie das nicht unkommentiert hinnehmen. Schließlich stört es die Konzentration, die Planbarkeit von Übungen und somit den Trainingsablauf. Suchen Sie das Gespräch mit der entsprechenden Person und treffen Sie eine Vereinbarung, wie Sie gemeinsam damit umgehen wollen. Wenn es die gesamte Gruppe betrifft, können Sie „Spielregeln" für die Zusammenarbeit aufstellen (siehe oben). Spielregeln können übrigens zu jeder Zeit vereinbart werden: zu Beginn des Trainings, anlassbezogen, wenn Störungen aufkommen oder zum Abschluss eines Trainings, wenn Sie Themen wie Vertraulichkeit usw. vereinbaren wollen.

2.6 So gehen Sie mit persönlichen Angriffen um

Gezielte Angriffe Bisher sind wir davon ausgegangen, dass es Ihrem Gesprächspartner – trotz „störenden Verhaltens" – um die sachliche Auseinandersetzung geht. Manchmal steht jedoch etwas anderes im Vordergrund: Da werden gezielte Angriffe oder Provokationen getätigt, die Sie oder andere Teilnehmer aus der Reserve locken oder von einem Thema ablenken sollen. Unterbinden Sie sofort unfaires Verhalten – egal, ob Sie selbst oder andere Teilnehmer angegriffen werden. Handeln Sie rechtzeitig, bevor Sie sich ärgern. Sonst steigt die Wahrscheinlichkeit, dass Sie Ihrerseits auf Angriff gehen. Damit würden Sie an Souveränität und Akzeptanz einbüßen. Bleiben Sie sachlich und verdeutlichen Sie Ihrem Gegenüber sein unsachliches Verhalten.

„Man muss alle Menschen ein ganz klein wenig besser behandeln, als sie es verdienen; so entwaffnet man sie am leichtesten."

DOROTHEA SCHLEGEL,
DEUTSCHE LITERATURKRITIKERIN

Hier ist eine Auswahl an Techniken, die Sie einsetzen können.

Verbales Aikido

Abwehrtechniken bei persönlichen Angriffen

Sie können den persönlichen Angriff mehr oder weniger *ignorieren* (bzw. je nach Betonung unterschiedlich intensiv anmerken) und nur auf die Sachebene Bezug nehmen:
„Wenn ich den *sachlichen* Gehalt Ihrer Ausführungen betrachte ..."

Sie können die *unfaire Taktik des Gegenübers kurz ansprechen:*
„Ich halte wenig davon, herabwürdigend miteinander umzugehen. Das bringt uns nicht weiter."

Sie können an das *gemeinsame Ziel* erinnern:
„Ziel des Trainings ist es, ...", „Ich möchte, dass wir eine Lösung für das Thema finden".

Sie können das Gegenüber mit seinem unfairen Verhalten *konfrontieren:*
„Ich kann nicht erkennen, was dieser persönliche Angriff mit unserem Thema zu tun hat ..."

Sie können eine *Ich-Botschaft* senden:
„Ich fühle mich gestört ..."

Sie können auf die *Metaebene* gehen und die Art und Weise des persönlichen Umgangs reflektieren: „Ich nehme gerade wahr, dass wir die Ebene der sachlichen Diskussion verlassen und die Bemerkungen spitzer werden. Lassen Sie uns für einen Moment das Thema XYZ zur Seite stellen und vereinbaren, wie wir miteinander umgehen wollen ...“

„Die Krise ist ein produktiver Zustand. Man muss ihm nur den Beigeschmack der Katastrophe nehmen.“

MAX FRISCH, SCHWEIZER AUTOR

2.7 So setzen Sie Grenzen

Und was können Sie tun, wenn Sie einmal ganz deutlich und unmissverständlich Grenzen setzen möchten? Wenn Sie ein Verhalten ansprechen wollen, dass Sie als störend, ärgerlich, verunsichernd, respektlos und inakzeptabel empfinden? Im privaten Alltag lautet das dann vielleicht so: „Nie räumst du deinen Kram auf! Immer muss ich dir alles hinterherräumen! Du bist eine Zumutung!“ Einmal davon abgesehen, dass die Sachseite dieser Aussage durch Verallgemeinerungen (nie, immer, alles) und die Persönlichkeitszuschreibung („Du bist ...“) arg verzerrt und damit sehr fragwürdig und angreifbar ist, führt dieser Frontalangriff direkt in das biologische Notfallprogramm. Wenn Sie den Störenfried nicht in die Flucht schlagen oder zum Kampf herausfordern wollen, sondern Ihre Botschaft unmissverständlich transportieren möchten, dann ist die Methode des konstruktiven Konfrontierens das Instrument Ihrer Wahl.

So konfrontieren Sie konstruktiv:

1. Schritt: Das betreffende Verhalten wertfrei beschreiben (so konkret wie möglich)

„Mir ist aufgefallen ...“
„Ich nehme wahr ...“
„Ich habe festgestellt ...“

2. Schritt: Deutlich machen, welche Folgen, Konsequenzen das für Sie hat

„Dadurch ist bei mir ...“
„Das hat zur Folge ...“

3. Schritt: Ansprechen, welches Gefühl das bei Ihnen auslöst

„Das löst bei mir aus ...“
„Ich fühle mich dabei ...“
Machen Sie nun eine kurze Pause und lassen Sie diese Äußerung wirken. Dann können Sie eventuell noch ergänzen:

4. Schritt: Wunsch/Erwartung benennen

„Ich wünsche mir von Ihnen ...“
„Ich möchte ...“
„Ich erwarte, dass Sie ...“

Beispiel: Schmutziges Geschirr
Die oben stehende Botschaft könnte dann lauten:
„Mir ist aufgefallen, dass bei den letzten drei Malen, als du den Raum genutzt hast, schmutziges Geschirr stehen geblieben ist und Materialien nicht weggeräumt wurden. Das hatte zur Folge, dass ich den Raum aufräumen musste, bevor ich ihn nutzen konnte. Ich habe mich darüber geärgert. Ich möchte für die Zukunft, dass jeder den Raum so verlässt, wie er ihn vorfinden möchte.“

Beide beschriebenen Konfrontationen wollen und sollen Betroffenheit auslösen, um überhaupt ein Problembewusstsein beim Gegenüber zu schaffen und eine Verhaltensänderung zu bewirken. Der Unterschied zwischen beiden Botschaften besteht darin, dass ich in der konstruktiven Variante das entsprechende Verhalten zunächst sachlich und wertfrei beschreibe und dann die Konsequenzen/Gefühle, die das Verhalten für mich bedeutet, in Form einer Ich-Botschaft benenne. Dadurch erfährt der Kritisierte keinen Frontalangriff auf seine Persönlichkeit, sondern eine Rückmeldung zu einem ganz spezifischen Verhalten. Dieses Vorgehen macht Feedback klarer und annehmbarer.

Vermeiden Sie bei Ihrer Konfrontation Erklärungen und Rechtfertigungen Ihrerseits. Je kürzer und prägnanter die Formulierung, umso besser wird sie ihre Wirkung entfalten. Schauen Sie Ihrem Gesprächspartner bestimmt (und ohne zu lächeln) in die Augen und lassen Sie Ihre Äußerungen kurz wirken. Dann können Sie noch einen Wunsch, eine Erwartung oder einen Vorschlag äußern. Und dann dürfen Sie wieder lächeln!

Eskalations-möglichkeiten Zu guter Letzt erhalten Sie für Ihren Erste-Hilfe-Kasten noch ein Fieberthermometer. Die Konfrontationstechnik ist je nach Situation und Bedarf eskalierbar. Der vierte Schritt („Ich wünsche mir von Ihnen …") kann nach dem Grad Ihrer Erhitzung folgendermaßen dosiert werden:

Forderung

Erwartung

Wunsch

Bitte

Abbildung 18: Stufen der Eindringlichkeit

Tipp: Setzen Sie rechtzeitig Grenzen, bevor Sie ärgerlich werden und an Souveränität einbüßen. Verschießen Sie aber auch nicht Ihr ganzes Pulver sofort, sondern dosieren Sie die Wahl Ihrer Reaktionsmöglichkeiten angemessen. So behalten Sie sich die effektvolle Möglichkeit einer sukzessiven Steigerung Ihrer Eindringlichkeit vor.

Fazit: Sie verfügen nun über ein gutes Verständnis von Lern-, Trainings- und Gruppenprozessen und haben erfahren, wie Sie diese erfolgreich konzipieren und steuern können. So können Sie den vielfältigen Rollen der Trainertätigkeit gerecht werden. Ermöglichen Sie Lernen zielgerichtet und mit Spaß. Dann haben Sie die meisten Schwierigkeiten bereits im Vorfeld geschickt unterbunden.

Dennoch können manchmal schwierige Situationen im Training entstehen, sodass Ihr Erste-Hilfe-Kasten zum Einsatz gerufen wird. Für den Umgang mit Pannen, Störungen und Störern steht Ihnen eine Vielfalt an effektiven Werkzeugen zur Verfügung. Nutzen Sie diese wertvollen Techniken. Noch entscheidender als jede Technik ist jedoch vor allem Ihre innere Haltung in der kritischen Situation. Bei allem, was Sie tun: Bleiben Sie ruhig und gelassen und immer respektvoll. Lassen Sie sich niemals den Grad der Unfairness, die Lautstärke oder die emotionale Stimmung von anderen aufdrängen. Behalten Sie das Thema, Ihre Zielsetzung und die Regeln des Fair Play im Auge. Dann sind Sie auf einem guten Weg!

Innere Haltung in kritischen Situationen

Allgemeine Vorlagen

1. Checkliste: Auftragsklärung
2. Checkliste: Produktentwicklung
3. Checkliste: Entwicklung Trainingskonzept
4. Checkliste: Trainingsvorbereitung
5. Muster Trainingsbeschreibung
6. Vorlage: Trainingsdesign
7. Vorlage: Feedback-Bogen
8. Trainingsbaustein Feedback
9. Überblick über Trainingsmethoden

Unterlagen für Ihr Präsentationstraining

1. Produktbeschreibung
2. Trainingsdesign Präsentation
3. Präsentationshandout
4. Muster für Einladungsschreiben
5. Feedback-Bogen
6. Vorbereitungs-Checkliste

Unter https://www.gabal-verlag.de/buch/erfolgreiche_trainings konzepte/9783869366029 finden Sie Muster und Vorlagen.

Literatur

Adriani, Brigitte A.; Schwalb, Ulrich; Wetz, Rainer: *Hurra, ein Problem: Kreative Lösungen im Team.* Wiesbaden: Dr. Th. Gabler Verlag 1995

Birkenbihl, Michael: *Train the Trainer.* Landsberg: mi-Wirtschaftsbuch, 2011

Blanchard, Ken; Carew, Donald; Parisi-Carew, Eunice: *Der 1 Minuten Manager schult Hochleistungsteams.* Reinbek: Rowohlt 2002

Buckingham, Marcus; Coffmann, Curt: *Erfolgreiche Führung gegen alle Regeln.* Frankfurt/Main: Campus Verlag 2005

Dilts, Robert: *Professionelles Coaching mit NLP. Mit dem NLP Werkzeugkasten geniale Lösungen anstreben.* Paderborn: Junfermann Verlag 2005

Ischebeck, Katja: *Erfolgreiche Konzepte. Eine Praxisanleitung in 6 Schritten.* Offenbach: GABAL Verlag 2013

Kirchhoff, Heike: *Alles andere als artig.* Bergisch Gladbach: Books on Demand GmbH Norderstedt 2009

Löhken, Sylvia: *Leise Menschen – starke Wirkung: Wie Sie Präsenz zeigen und Gehör finden.* Offenbach: GABAL Verlag 2012

Miller, George A.: *The Psychology of Communication: Seven Essays.* New York: Basic Books 1967

Minto, Barbara: *Das Prinzip der Pyramide*. München: Pearson Studium 2005

Naughton, Carl: *Der Autopilot im Kopf. Entscheiden, Urteilen, Probleme lösen, ohne in die üblichen Denkfallen zu tappen*. Offenbach: GABAL Verlag 2012

Reiter, Markus; Sommer, Steffen: *Perfekt Schreiben*. München: Carl Hanser Verlag 2009

Schmidbauer, Klaus; Knödler-Bunte, Eberhard: *Das Kommunikationskonzept. Konzepte entwickeln und präsentieren*. Potsdam: University press UMC 2004

Schulz von Thun, Friedemann: *Miteinander reden 1–3*. Reinbek bei Hamburg: Rowohlt Verlag 2008

Spitzer, Manfred: Lernen: *Gehirnforschung und die Schule des Lebens*. Heidelberg: Spektrum Akademischer Verlag 2007

Traufetter, Gerald: *Intuition – Die Weisheit der Gefühle*. Reinbek bei Hamburg: Rowohlt Verlag 2007

Weyand, Giso: *Die 250 besten Checklisten für Berater, Trainer und Coachs*. München: mi-Fachverlag 2008

Vester, Frederic: *Denken, Lernen, Vergessen: Was geht in unserem Kopf vor, wie lernt das Gehirn, und wann lässt es uns im Stich?* München: Deutscher Taschenbuch Verlag 1998

Stichwortverzeichnis

Über die Autorin

Katja Ischebeck ist Beraterin, Trainerin und Coach mit langjähriger internationaler Erfahrung im Personalmanagement in unterschiedlichen Branchen. Als Diplom-Psychologin mit umfangreichen weiteren Qualifikationen (u. a. Train the Trainer, Mastertrainer, Business-Coach, NLP-Trainer und Wingwave-Coach) begleitet sie seit vielen Jahren erfolgreich Unternehmen, Teams und Führungskräfte in ihrer Entwicklung.

Seit 2004 leitet sie „Ischebeck Consulting". Mit einem Netzwerk aus erfahrenen Experten bietet sie international Trainings, Workshops und Coachings an.

Von Katja Ischebeck ist bei GABAL ebenfalls erschienen: *Erfolgreiche Konzepte. Eine Praxisanleitung in 6 Schritten.* Offenbach 2013

Katja Ischebeck
Consulting Training Coaching
Tornberg 8

Mail: info@KatjaIschebeck.de
Web: www.KatjaIschebeck.de
www.ErfolgreicheKonzepte.de

Whitebooks

Kompetentes Basiswissen für Ihren
beruflichen und persönlichen Erfolg.

Lothar Seiwert
Zeit zu leben

ISBN
978-3-86936-635-7
D € 19,90
A € 20,50

Josef W. Seifert
**Besprechungen
erfolgreich
moderieren**

ISBN
978-3-86936-639-5
D € 17,90
A € 18,50

...s-Georg Willmann
...lg durch Willenskraft
...4 978-3-86936-638-8
...9,90/A € 20,50

Peter Brandl
Kommunikation
ISBN 978-3-86936-636-4
D € 19,90/A € 20,50

Katja Porsch
Verkaufsprofiling
ISBN 978-3-86936-637-1
D € 19,90/A € 20,50

...nie Demann
...stcoaching für Führungskräfte
...978-3-86936-603-6
...9,90/A € 20,50

Katja Ischebeck
Erfolgreiche Trainingskonzepte
ISBN 978-3-86936-602-9
D € 29,90/A € 30,80

**S. Richter-Kaupp, G. Braun,
V. Kalmbacher**
Business Coaching
ISBN 978-3-86936-600-5
D € 24,90/A € 25,60

Alle Titel auch als E-Book erhältlich

gabal-verlag.de

Bei uns treffen Sie Gleichgesinnte ...

GABAL.
Wissen vernetzen

... weil sie sich für persönliches Wachstum interessieren, für lebenslanges Lernen und den Erfahrungsaustausch rund um das Thema Weiterbildung.

... und Andersdenkende,

weil sie aus unterschiedlichen Positionen kommen, unterschiedliche Lebenserfahrung mitbringen, mit unterschiedlichen Methoden arbeiten und in unterschiedlichen Unternehmenswelten zu Hause sind.

Das nchmen Sie mit:

- Präsentation auf den GABAL Plattformen (GABAL-impulse, Newsletter und auf www. gabal.de) sowie auf relevanten Messen zu Sonderkonditionen

- Teilnahme an Regionalgruppenveranstaltungen und Kompetenzteams

- Sonderkonditionen bei den GABAL Impulstagen und Veranstaltungen unserer Partnerverbände

- Gratis-Abo der Fachzeitschrift wirtschaft + weiterbildung

- Gratis-Abo der Mitgliederzeitschrift GABAL-impulse

- Vergünstigungen bei zahlreichen Kooperationspartnern

- u.v.m.

Auf unseren Regionalgruppentreffen und Impulstagen entsteht daraus ein lebendiger Austausch, denn wir entwickeln gemeinsam neue Ideen. Dadurch entsteht ein Methodenmix für individuelle Erlebbarkeit in der jeweiligen Unternehmenswelt.

Durch Kontakt zu namhaften Hochschulen erhalten wir vom Nachwuchs spannende Impulse, die in die eigene Praxis eingebracht werden können.

Neugierig geworden?
Informieren Sie sich am
besten gleich unter:

www.gabal.de/leistungspakete.html

GABAL e.V.
Budenheimer Weg 67
D-55262 Heidesheim
Fon: 06132/5095090,
Mail:info@gabal.de